▌经济学家茶座

TEAHOUSE FOR ECONOMISTS

主　管　山东出版传媒股份有限公司
出　版　山东人民出版社
编　辑　《经济学家茶座》编辑部

本刊得到上海汇智经济学与管理学发展基金会资助

主　编　胡长青
执行主编　詹小洪
项目负责人　陶远城

编　委（按姓氏笔画为序）

王松奇	王东京	王振中	王瑞璞	冯兰瑞	刘　伟	刘方棫	刘国光	吴树青
汪丁丁	张卫国	杨瑞龙	林　岗	项启源	钟朋荣	洪远朋	洪银兴	胡培兆
赵　晓	荆林波	顾海良	梁小民	黄少安	程恩富	蔡继明		

图书在版编目（CIP）数据

经济学家茶座. 第76辑/胡长青主编. —济南：山东人民出版社，2017.6

ISBN 978-7-209-10945-1

I. ①经… Ⅱ. ①胡… Ⅲ. ①经济学-文集 Ⅳ. ①F0-53

中国版本图书馆 CIP 数据核字（2017）第 141960 号

济南市胜利大街 39 号
邮编：250001
http：// www.sd-book.com.cn
编辑部电话：（0531）82098901
Email：jjxjcz@163.com
书友QQ 群：311957096
邮购电话：（0531）82098021
济南继东彩艺印刷有限公司印装
2017 年 6 月第 1 版　2017 年 6 月第 1 次印刷
169 毫米 ×239 豪米　16 开　11 印张　160 千字
邮发代号：24-180
定价：22.00 元

茶启灵性议经济， 座迎智士论家国

《经济学家茶座》（以下简称《茶座》）是经济学人的沙龙，但不是正规的学术殿堂。它不需要高头讲章，但欢迎刹那灵感、一隅之得、片断华章。它适于切磋和交流，不适于宣讲和论证。《茶座》是学者们在上下求索、广征博引、反复求证、严密推理之余换脑筋、找灵感、觅启发、求碰撞的场所。在这个平台上，规范和技术不重要，思想和感悟的不拘一格才领风骚、惊四座。

当今世界似乎又到了一个历史性的转折关头，不少多年来被视为定论的共识开始动摇。比如在中国，三十多年的成功改革开放极大地改变了中国的经济和社会面貌，但也给中国带来了一系列三十多年前没有的问题，虽说继续坚持改革开放不动摇是基本国策，但继续改什么、改哪里，恐怕不是沿用前三十多年的改革开放思路就能有恰当答案的。又如在美国，出了个"另类总统"，提出了一套明显有违西方主流意识形态的政见和主张，并已经对全球大局产生了冲击。福耶，祸耶？该如何应对？大概也不是凭既定方针就足以了然的。变革的时代呼唤变革的学术，历史远未终结，中国学者尚无资格停留于回首总结，仍需砥砺创新，为理论契合现实寻找突破口。

学术创新以借鉴既有理论和历史经验为前提，但简单因袭已有的理论和经验不是真正的借鉴。凡理论和政策主张都产生于一定的历史背景，只有联系其所由以产生的专属语境，弄清特定理论和政策主张中包含的问题意识以及推断逻辑，才能吃透其中的要义。也只有领悟到这一层，才能从前人的经验和结论中汲取真正的思想营养。做这样的思考，要紧处在思维的发散和开放，先不管严谨性和规范性，有什么想法说出来看看。有启发的，继续深入，精心研究；没感觉的，且置一边，容后再说。

就此而言，《茶座》是个好地方，它为非正规的学者交流提供了适宜的氛围和语境。翻阅《茶座》，不要求完美，只期待思想火花。这样的言说令说者和听者彼此受益，不失为探寻学术堂奥的另一曲径。喝茶有瘾，读《茶座》可有上瘾的？

（作者韩朝华为中国社会科学院经济研究所研究员）

卷首语

国是我见

学界万象

学问聊斋

生活中的经济学

经济随笔

TEAHOUSE FOR
ECONOMISTS | 经济学家茶座 目录

经济评论

经济学人

财经阅读

经济史话

他山之石

国人为何"未富先奢"?

徐康宁

《茶座》主编来信约稿时,我答应就以上标题内容写一篇短文,但复信后就有些后悔,因为觉得这是一篇不好写的文章,拖了一段时间。主编小洪兄做事认真,继续来信讨稿。本着说话要算数的态度,就算难写,也要把这篇文章写出来,花了些心思,赶在快截稿时写出了这篇文章。

一、什么叫"未富先奢"?

首先要给出一个概念界定。本文所说的"奢",是相对的,主要是相对于收入水平和经济发展水平而言,并非绝对的奢;此外,文中所说的"奢",也主要见于国内经济较为发达的地区尤其是城市,并不包括边远落后地区以及广大尚未达小康水平的农村。

看过不少文章谈国人"未富先老"或"未富先贵",似乎从未见过写"未富先奢"的文章,但看看周围,看看新闻,又确实感到中国有"未富先奢"的现象,值得从经济学的角度去探讨。所谓"未富先奢",是指部分国人的消费水平或国人在某些领域的平均消费水平已经超越了经济发展水平,达到了较高收入国家或富裕国家的水平。

试举两个例子。一个例子是奢侈品在中国的销售。中国已经超越美国和日本,成为世界上奢侈品最大的销售国和消费国。如果说奢侈品的消费带有偶然性、冲动性、局部性,不能成为"未富先奢"的证明,那再来看另一个例子,就是在民间已经十分普及的出境游。据国家旅游部门的官方统计,2016 年中国的出境旅游者已经超过 1.2 亿人次，居世界之首。1.2 亿人次，意味着大约每 11 个人中就有 1 人出国（境）旅游一次。所以，现在到世界各国最热闹、最容易花钱的地方，见到最多、花钱最豪放的游客大都是来自中国。

可能有人会说，中国人多，全国有 13 亿多人口，每年出境旅游人数达到 1.2 亿人次也不算多。为了有对比，笔者做了点功课，特地上了联合国下属的世界旅游组织的官网，下载了相关资料，做了一些对比。根据世界旅游组织最近发布的一份数据简报，2015 年中国出境旅游人数为 1.28 亿人次，居世界第一，排在第二位的是美国，为 7400 万人次，排在第三和第四位的分别为德国和英国。同年，出境旅游消费冠军也是中国，高达 2922 亿美元，人均 2283 美元。居第二位的也是美国，金额为 1129 亿美元，人均 1520 美元左右。无论是国家大小，还是所处地理位置，中国和美国有较强的可比性。以总人口为基数，中国出境旅游人数的比例是 9.5%，美国大约是 21%，美国出境旅游人数的比例还是高于中国。我又查了当年中美两国的人均 GDP（根据 IMF 公布的数据），同年中国人均 GDP 是 8050 美元，美国是 5.65 万美元。也就是说，若按以人均 GDP 衡量的经济发展水平，美国大约是中国的 7 倍，或者说中国只有美国的 14% 左右；但若按出国（境）旅游的能力而论，美国只有中国的 2 倍多一点，或者说中国已经达到美国的 45%（9.5% 除以 21%）。若按人均在国外花费而论，中国超过了美国，人均多花费 760 美元。中国人的收入比美国人低了很多，但相对出国的比例和人均在国外的花费却比美国高出很多。至少从出国出境旅游及花费能力看，中国游客的消费已经走在了经济发展水平的前面。

其实，在日常生活中如果加以留意，能够发现很多类似于"未富先奢"的现象。苹果手机在中国的流行已经很久了，一个大学生甚至中学生手中有一个新款的苹果手机，非常稀松平常，虽然这种手机在世界上仍然属于较贵的一类。我教过连续 8 届的留学生（硕士阶段）的专业课程，讲到相关内容时，曾多次有意识在课堂上问过留学生苹果手机在他们所在国家的普及情况。从留学生那里得到的答案是，不仅经济发展水平和中国差不多的国家，如泰国、墨西哥等，苹果手机的普及程度远不如中国，而且在经济发展水平高于中国的一些国家，如意大利、葡萄牙，苹果手机的普及程度似乎也不如中国高。

最让国外人感到惊奇的，莫过于中国的海外留学生大军了。在中国，中等收入家庭的孩子自费到美国读大学，并不算什么稀奇事。几年前我到希腊开会，中

午吃饭时曾专门问邻座的一位智利教授，问他的国家送子女到国外念大学的家庭多不多。他告诉我，在他们国家，只有很少的家庭能够负担起子女到国外留学的费用；尤其是到美国自费念大学，只有很上层的家庭才有这种能力，中产阶级根本做不到。要知道，智利的人均 GDP 要高出中国一大截，2015 年已经达到了1.3 万美元。

二、住房也有"未富先奢"现象

住房是大家最关心的，似乎中国的大城市尤其是北京、上海的房价也反映出"未富先奢"的问题，值得专门辟出一节讨论分析。

根据上海官方的统计，2016 年上海内环的新建住宅平均价格是每平方米 8.7万元。我通过 Yahoo 查了一下美国纽约的情况。2015 年纽约曼哈顿公寓的平均价格是每平方英尺 1645 美元，换算成人民币和平方米，约相当于每平方米 11.4 万元。美国住宅的销售都是按套内面积计算，而不像中国按建筑面积计算，建筑面积只大约相当于 80% 的套内面积，这样算来，上海内环的每平方米 8.7 万元差不多相当于美国的每平方米 10.88 万元。还要指出一点，上海内环的面积是 114 平方公里，而曼哈顿只有 59 平方公里，同为国际大都市，纽约曼哈顿的城市核心位置比上海内环更为突出。

不同城市由于地段含义不同，交通等公共产品的品质和发展水平不同，其房价很难做出准确的对比。尤其是中外不同城市，住宅的房屋建造品质、面积计算标准、相关土地制度等有很大差异，做出准确的对比更是一件不容易的事，但根据体验可以得出一个基本印象。我有几个学生在上海金融投资领域工作多年，对上海房地产市场比较熟悉，他们告诉我，若在上海内环买一套比较好的公寓，无论是新房还是二手房，价格一般都在 1500 万元以上。2016 年，美国纽约曼哈顿地区公寓的平均价格是 210 万美元（其中包括许多价值千万美元的豪宅被平均了，中位数价格只有 120 万美元左右）。总体上说，现在上海的房价应该至少是与纽约旗鼓相当。

上海如此，北京的情况也应该差不多。

不仅北京、上海房价领先国际，像南京这样的二线城市，房价也是直逼国际城市。我曾经在加拿大第一大城市多伦多居住过一年，对那座城市比较熟悉，因比较喜欢那座城市，现在还每天通过 Kindle 看 *Toronto Star*（《多伦多星报》），也会留意该报报道当地房价的新闻。根据我对两地房价的了解，得出的基本判断是，南京的房价至少和多伦多的房价处在同一水平。

这么高的房价，照理说已严重背离经济发展水平，应该不好销售，但实际情况是，盖出来的房子大部分都卖出去了，甚至在严格限售的情况下，稍好一点的楼盘几乎都是一房难求，需要通过摇号或找关系才能买到。房子重新成了紧缺商品。所不同的是，改革开放初房子是紧缺商品，是因为粥少僧多，只有通过计划分配，货币没有选择权；30 多年后，货币有了选择权，但参与选择的货币多，而被挑选的住宅商品少，即使是用货币去购买，也要外加其他办法（摇号或找关系）才能使买方的意愿与卖方的意愿实现均衡。或许有人认为，中国大城市房地产市场有严重贫富不均现象，少数有钱人或炒房客买了太多的房子，而普通平民百姓被拉高了平均数，看市场的平均数没有意义。这种观点有一定道理。但是，现在大城市基本上都采用了严格的限购政策，北京和上海更是多年严格限购，投资者、炒房客可以钻空子的空间有限，市场上的大多数房子还是被正常买房者买去了。在北京和上海一套房子买卖 1000 万元是极其普通的事情，1000 万元却是普通工薪阶层几十年甚至 100 年的收入，为什么还是有那么多普通工薪阶层加入了这个购房大军，而且还真掏出了钱把房子买走了？这可以说是谜中之谜。

曾经有一个名为《中国民生发展报告 2012》的资料表明，在 2011 年的时候，中国居民的人均居住面积是 36 平方米。2012 年时任国家住房与城乡建设部部长的姜伟新先生，在全国人大常委会的一次会议上说，全国城镇居民的人均住房建筑面积已达 31.6 平方米。如果这个资料基本属实的话，那中国城市居民以面积计算的平均居住水平，大体和东欧地区较为发达的国家差不多。为写这篇文章，我查到一个欧盟公布的数据库，里面有欧盟各国居民人均居住水平的情况。经过数据对比可以得出一个基本结论，中国的居住水平和捷克（人均 38 平方米）、波兰（35 平方米）、克罗地亚（33 平方米）、斯洛伐克（32 平方米）的水平基本相当。欧盟的这份数据有一定的说服力，因为人均居住面积和国家的经济发达程度基本成正比。例如，德国、法国、瑞典等更为发达的国家人均居住面积在欧盟中更高，分别是 53 平方米、53 平方米、58 平方米；罗马尼亚的经济发展水平在欧盟中最低，人均居住面积也是最低的，只有 24 平方米。但要指出的是，捷克、波兰、克罗地亚这几个国的经济发展水平，若要按人均 GDP 衡量，则比

中国高出不少。根据 IMF 公布的 2011 年世界人均 GDP 的资料，上述四国中人均 GDP 最高的是捷克（2.04 万美元），最低的是波兰（1.35 万美元），都要高出中国一大截。同年，罗马尼亚的人均 GDP 也比中国高出不少，达到了 8864 美元，而当年中国的人均 GDP 只有 5414 美元，在世界上居第 89 位。

从上述对比中可以看出，在老百姓感到最难以承受的高房价背后，存在着中国居民的平均住房消费水平高于经济发展水平这一基本事实。

三、原因何在？

一方面，中国的经济发展在世界上只是中等水平，人均 GDP 还不及世界平均水平，目前在所有国家中也排到了 70 位以后；另一方面，在出境旅游、出国留学、购买住房等领域，中国居民又呈现出很高的购买力，明显高出经济发展水平一大截。为什么会有这样的现象？他们的钱从何而来？

笔者对这个问题做了些思索，初步认为存在以下几个原因。

首先，中国城市家庭人口规模相对较小、负担有所减轻，可以有余钱用作大笔花费。由于长期实行计划生育政策，和处于同一发展水平的国家相比，中国的家庭结构明显偏轻，人口较少，抚养负担相对较轻，容易省出钱来满足需要大笔花费的消费。例如，如今 50—65 岁的一批人，子女绝大多数是独生一代，且目前已经念完大学走上社会，其中很多已经成家立业。作为父母，无论退休与否，只要双方有一方是公务员、事业单位人员或大型国企职工，只要住的是自己的房子（绝大多数人能做到），拥有基本的社会保障，身体健康，花钱不大手大脚，儿女不过分"啃老"，一年积蓄几万元并不困难。有这几万元，一年出国旅游一次，买上几件国际大牌的奢侈品，是一件相对轻松的事。实际上，每年出境游的大军中，这一年龄层的游客占了一个较大的比重。

其次，中国大城市中有达到相当比重的群体，拥有两套或两套以上的房子，家庭资产随着房价的上涨而增值，卖掉一套房子便能形成巨大购买力。很多人拥有的第一套房产是公改房，几乎没花什么钱就有了属于自己产权的房子，还有不少人后来在房价不高时又在市场上买了第二套房子（这很普遍）。现在，房价涨了几倍甚至十几倍，这些人的家庭资产也随之增长了几倍甚至十几倍。送小孩到美国去念常青藤的大学，这在人均 GDP 不足 1 万美元的国家，是普通人想都不敢想的事情，因为一年的学费就要5万美元左右。但在中国的一二线城市，只要卖掉一套哪怕是小的房子，其所得支付孩子4年的学费和生活费绰绰有余。我认识的一些熟人中，就有几位是这样送子女去国外念大学的。

最后，也是更为普遍性的原因，即国人在一般日常消费开支中比较节约，却愿意省出钱来在一些"奢侈性"花销上"一掷千金"。以我的观察而言，国人在日常消费上不大愿意花钱买品质好的东西和服务，甚至宁愿为省钱而选择次质品，所以中国的廉价商品和服务始终有巨大的市场。他们愿意在满足感官性消费和满足面子上花费大把的钱。最典型的例子就是，中国人的家里都装潢得很豪华，舍得在上面花很多的钱，却不大愿意多花一点钱买上一套好些的餐具，或一把好一点的雨伞。实际上，中国人看上去有些奢侈的消费，是从其他地方省吃俭用换来的。

此外，还有一个原因值得一提，即中国家庭的亲情关系也在影响着消费和花钱。在北京、上海、南京、杭州那么贵的房子最后也被人买走了，买房者中也不乏普通的工薪阶层。若论他们的收入，无论如何也买不起这些房子，但最后还是勇敢出手，而且掏出钱买下，其背后可能是两个或三个家庭共同负担，即买房的年轻夫妇家庭和背后的另外两个家庭。房子买下了，市场上高房价得到了支撑，三个家庭的消费结构可能长期将会受到此购买行为的影响，其他消费的开支会因此而有所压缩。

当然，举债消费也是一个因素，主要反映在买房上。由于中国信用制度不健全，买房人可以轻松地开到几倍于自己实际收入的"收入证明"，银行为做个人信贷业绩，也是"睁只眼闭只眼"，价格高得离谱的房子就这样被一些普通工薪阶层买去了。

国人"未富先奢"的确是一个谜，谜底一定有很多种解读，以上所列也是初步分析。各位方家和读者也会有自己的解读之道。

（作者为东南大学经济管理学院教授）

减税能否提振中国经济

申广军　陈斌开　杨汝岱

中国宏观经济正面临前所未有的挑战。自金融危机以来，中国经济步入新阶段，增长速度持续下滑：经济增长率由 2011 年的 9.5% 下降到 2013 年、2014 年、2015 年的 7.4%、7.3% 和 6.9%，2016 年增长率仅为 6.7%。经济增速下滑引起社会各界对"新常态"的讨论和对中国经济增长前景的担忧。在经济增速下行和产业转型升级压力增大的新形势下，如何通过政策引导实现经济增长的平稳换挡、经济结构的优化升级是当前学术界和政策层关注和争论的焦点问题之一。

在宏观经济政策中，货币和财政是最常用的政策工具。然而，在利率下调空间有限、货币传导渠道不畅的现实背景下，货币政策有效性受到很大制约；同时，由于存在时滞性、指向性不强等缺点，货币政策能否有效平抑经济波动依然存在很大争议。另一方面，不断攀升的地方政府债务缩小了财政政策的空间。进一步扩大政府财政支出不仅要面临融资难问题，还可能造成投资回报率下降、经济结构扭曲以及腐败等问题。由此可见，在当前背景下，无论是扩张性货币政策还是以扩大政府支出为主体的扩张性财政政策，都可能导致政策风险的进一步增大，威胁到宏观经济的平稳健康运行。税收政策是稳定宏观经济的又一重要工具。从理论上讲，减税至少可以从三方面影响宏观经济。第一，减税可以减轻由税收带来的价格扭曲程度，提高资源配置效率，进而在长期内促进经济增长；第二，减税可以刺激企业投资，扩张总需求，缓解经济衰退时期的需求疲软问题；第三，税收政策具有指向性强、调控力度易于控制等特征，是促进产业结构调整和平衡区域间发展差距的重要手段。那么，减税是否可能成为稳定当前宏观经济、优化经济结构的有力工具？我们将以企业增值税转型为切入点，讨论减税对企业行为和绩效的影响。

一、减税对企业行为的影响

我们主要分析增值税税率如何影响企业的经济行为和绩效，关注企业的要素投入及其效率，以此考察减税对整个宏观经济的影响。研究指标包括企业固定资产投资、就业、资本和劳动产出效率。结果显示，增值税有效税率与固定资产投资率显著负相关，税率降低1个百分点，固定资产投资率提高0.94个百分点，其中接近八成是与生产经营相关的固定资产投资（0.71个百分点）。增值税有效税率与就业也呈现出负相关关系，其系数在1%的水平上具有统计显著性。平均而言，税率降低1个百分点，就业增加0.4%。资本和劳动的产出效率也与增值税有效税率负相关，当税率降低时，企业在增加固定资产投资和劳动投入的同时，资本和劳动的生产效率分别提高了0.7%和1.1%。显而易见，资本投入的大幅度增长是劳动生产率提高的原因，但资本的产出效率提高的原因有待进一步的解释。

研究发现，减税不仅可以刺激企业投资、扩大就业，还可以提高劳动生产率和资本产出率。然而，严格而言，增值税税率与企业行为及绩效的关系还存在其他的可能性解释。第一，是否还存在某些因素同时影响到增值税税率和企业行为？第二，投资率越高、资源配置效率越高的企业是否更有可能得到税收减免，导致增值税有效税率越低？第三，增值税有效税率的测量误差是否依然存在？这三个问题在计量上分别称为遗漏变量、联立性偏误和测量误差问题，构成了增值税有效税率内生性的主要原因。上述遗漏变量、联立性偏误和测量误差产生的内生性问题可能导致估计系数的偏误。解决内生性的一个有效办法是工具变量法，即为增值税有效税率寻找一个工具变量。工具变量的核心思想是寻找一个外生的、影响内生变量（增值税有效税率），但不直接影响被解释变量（企业行为和绩效）的变量。有效工具变量的一个重要来源是与内生变量高度相关的政策冲击，如税收政策变化等。税收政策变化将影响到企业的有效税率，但相对企业行为和绩效具有很好的"外生性"，满足工具变量的要求。中国增值税转型为识别减税政策的影响提供了良好的条件，我们将基于增值税改革构建工具变量，以缓

解增值税税率可能存在的内生性问题。

自从 1994 年分税制改革，引入增值税作为中央政府和地方政府的共享税以来，中国的增值税一直是生产型的。在生产型增值税税制下，企业不能税前扣除所购买固定资产包含的增值税税金。在当时经济过热的形势下，生产型增值税一方面用来抑制过度投资，另一方面在保证政府财政收入方面发挥了积极的作用。但是在后续实施过程中，生产型增值税的弊端愈发明显地显露出来，它抑制固定资产投资，有损出口商品竞争力，不利于产业结构调整和技术升级，并最终影响经济增长。正是由于认识到生产型增值税的缺陷，中国从 2004 年起开始逐步转向消费型增值税。消费型增值税在核算时，允许企业将购置的固定资产和其他中间投入品一样一次性全部扣除，从而大幅度降低了企业投资固定资产的成本，有利于企业进行设备更新改造。

增值税改革始于 2004 年的东北地区，财政部、国家税务总局联合下发《东北地区扩大增值税抵扣范围若干问题的规定》。"黑龙江省、吉林省、辽宁省和大连市从事装备制造业、石油化工业、冶金业、船舶制造业、汽车制造业、农产品加工业产品生产为主的增值税一般纳税人"的增值税税制于当年 7 月 1 日开始改革。其后，东北地区军工和部分高新技术企业也被纳入增值税改革的范畴。虽然具体抵扣的细节经历了几次变动，但是整体上是由生产型增值税转变为消费型增值税。2007 年 7 月 1 日，中部地区 26 个老工业基地城市也开始试行消费型增值税。所涉及行业除了东北地区的试点行业，还包括电力业和采掘业。自 2008 年 7 月 1 日，消费型增值税扩展到内蒙古东部的五个城市，覆盖行业与东北地区一致。同年，为了支持汶川地震灾后恢复重建工作，四川、陕西和甘肃三省的受灾区也被纳入增值税改革的范围。自 2009 年 1 月 1 日起，增值税改革推广至全国范围内的增值税一般纳税人，惠及所有行业（国家限制发展的特定行业除外）。

我们利用 2009 年全国推广的增值税改革来识别减税对企业行为和绩效的影响：增值税改革通过降低企业增值税有效税率，进而影响到企业的要素投入和生产效率。因此，首当其冲的问题是：增值税改革是否真正地降低了企业增值税税负？我们通过双重差分模型来研究增值税改革对增值税有效税率的影响。在横截面上，2009 年以前已经转变为消费型增值税的企业被设定为 0，否则为 1；在时间维度上，2009 年及以后被设定为 1，2008 年为 0。这样，交互项的系数即可衡量 2009 年改革的效果。研究显示，增值税改革使企业的增值税有效税率降低了

0.095 个百分点（相当于均值的 2.5%），可见增值税改革的影响不仅表现在统计上，而且在经济上具有显著性。

在确认增值税改革可以降低企业增值税税负之后，我们可以利用这次政策性的外生冲击作为增值税有效税率的工具变量，以此识别税率变动对企业行为和绩效的影响。结果表明，增值税税率降低 1 个百分点，固定资产投资率提高 2.1 个百分点，其中超过 3/4 的是与生产经营相关的固定资产。平均而言，对企业减税 1 元，其投资将增加 1.63 元。减税对就业有（不显著的）负面冲击，1 个百分点的税率下降能够挤出 0.6% 的就业，这说明与固定效应模型相比，规模效应与替代效应的相对强度发生了改变。资本和劳动的产出效率都显著提高了，减税 1 个百分点，两个效率指标分别提高 3.9% 和 5.5%。

二、异质性分析

基于以下考虑，我们从几个不同的维度进行异质性分析。首先，增值税改革之前不同类别的企业原本承受着不同的税收负担，或者遭遇不同的发展瓶颈，因而减税对其影响的程度甚至方向都会有所不同。其次，要了解减税对于经济的提振作用，提出有针对性的政策建议并提高调控的精准度，需要精准地知道减税的政策会以何种方式、多大程度影响哪类企业。

第一，我们根据企业的隶属关系将其按照所有制划分为国有企业（包含集体企业）和私营企业（包含外资企业）。结果表明，减税对国有企业的固定资产投资并没有显著影响，对私营企业影响显著。这与文献中关于国有企业和私营企业的发现一致。当增值税有效税率降低时，固定资产投资变得更便宜了，私营企业做出了积极的反应，迅速扩大了投资规模，而国有企业却没有及时跟进。这也反映了国有企业与私营企业进行投资决策时的目标函数和所受到的关键约束不同。已有研究详细讨论了金融市场上的所有制歧视，私营企业往往面临较紧的融资约束，这成为它们投资的主要约束；而国有企业的投资问题在于预算软约束背景下高代理成本造成的投资过度。尽管减税无法提高国有企业投资率，但对其资本和劳动的产出效率的促进作用很强，说明税收对资源配置效率的扭曲效应是普遍存在的。

第二，减税影响企业行为与绩效的方式在地区之间也存在以下几点明显的差

异。（1）固定资产投资方面，东部地区的企业对税率降低的反应不如中西部敏感，但其投资更加集中于生产经营用的固定资产投资。（2）减税对东部地区的就业没有实质性的影响，却显著地减少了中西部企业的就业人数。（3）减税对资本和劳动产出效率的影响以东部最强，对中西部企业生产效率的提高作用并不明显。整体来看，减税对东部企业的影响与全样本情况一致，而在中西部地区则表现出明显的差异。

第三，对比了减税对出口企业与非出口企业的影响。出口企业与非出口企业的差异首先在于固定资产投资如何受到减税的影响：非出口企业的固定资产投资显著增长，而出口企业则没有发现类似的效果。这种差异可能源自以下几个原因。首先，中国出口企业的出口密度呈 U 型分布。出口企业享受增值税的出口退税，其税率本来就已经很低，增值税改革对其有效税率的进一步降低作用有限，因而也不能为其增加固定资产投资提供充足的激励。其次，加工贸易在中国的对外贸易中有着举足轻重的地位，占中国贸易总额的近 50%，并创造了全部的贸易顺差。对于加工贸易企业而言，其生产经营的扩张与收缩更多地受到国际经济环境的影响，在全球金融危机的背景下，它们没有激励扩大投资。面临减税的刺激，非出口企业虽然加大固定资产投资，并牺牲了就业岗位，但是其生产效率并未显著提高；与此相反，出口企业没有大规模增加投资，但生产效率明显增强。

综上可知，减税对企业行为和绩效的影响确实存在明显的异质性。减税对投资的正面促进作用主要集中于私营企业、中西部地区和非出口企业，并且也会显著挤出这几类企业的就业；减税可以提高大多数企业的资本产出效率和劳动生产率，且对国有企业、东部地区和出口企业的影响尤为显著。要探究这种"鱼与熊掌不可兼得"的现象，需要注意到这两组企业的差别。私营企业、中西部地区和非出口企业由于企业性质、所处区位和市场规模等因素，一般面临着更紧的融资约束。在捉襟见肘的经营环境下，它们只得大力挖掘企业已有生产要素的潜力，提高资本和劳动的使用效率。当减税政策降低企业负担、提高企业盈利空间时，它们释放了对固定资产投资的巨大需求，但其生产效率提升的空间已经不大。国有企业、东部地区和出口企业的情况则正好与此相反，所以减税并未刺激它们加大投资，但是仍给它们调整要素配置、加强融资优势，并提高要素使用效率的机会。因此减税使得两组企业可以各取所需，有助于它们在短期内加快要素积累、长期内提高生产效率。

三、结论性评述

全球金融危机之后，中国经济增速下滑引起社会的关注与担忧，决策者和研究人员都试图寻找重新提振经济的途径，为转型发展新阶段的中国经济注入新的动力。可行的政策指向有赖于对已有政策的有效评估，本文分析了增值税改革带来的减税对中国工业经济的潜在影响。始于 2004 年的增值税转型改革，在 2009 年推广至全国各个行业，我们利用这次政策冲击，借助"全国税收调查"的数据优势，识别了增值税有效税率对微观企业行为和绩效的影响。研究发现，减税不仅可以提高企业投资率，还可以提高企业劳动生产率和资本产出率。这个结果对于不同的指标、样本和模型设定都十分稳健。这些研究结果说明，减税不仅可以在短期内提振总需求，还可以在长期内改善供给质量，是实现供需均衡经济增长的有效工具，也是推行"供给侧改革"的重要抓手。

减税的影响对于不同类别的企业存在明显异质性。对于融资约束较紧、对价格信号更敏感的私营企业、中西部企业和非出口企业，减税能够更有效地提高固定资产投资，尤其是与生产经营相关的固定资产，但是对其就业的挤出效应也十分明显。减税对资本和劳动生产效率的影响普遍存在于各类企业中，但是对国有企业、东部地区和出口企业的效果更强，大幅度提高了这几类企业利用资本和劳动的效率。因此，减税在短期和长期内都可以提振经济：短期内是刺激企业投资，而长期则是提高企业的生产效率。

总体来讲，本文确认了减税对中国经济的积极影响，为政策制定者在经济疲软时期刺激经济增长、平抑大幅度的经济波动提供了现实依据。在当前背景下，减税空间依然存在，截至 2015 年 7 月，中国机关团体存款高达 20.3 万亿元，财政部门国库现金存款接近 4.6 万亿元。由此可见，通过减税提振当前中国经济是紧迫且可行的。

（作者申广军为中央财经大学经济学院讲师；陈斌开为中央财经大学经济学院教授；杨汝岱为北京大学经济学院副教授）

房地产税：谁该缴？缴多少？

张　平　侯一麟

由于种种原因，迄今房地产税除去沪渝两市的试点，还没有普遍开征，但相关房地产税的研究和讨论一直受到城镇居民的密切关注，主要原因有两个：一是大家认识到房地产税迟早会开征，有房的居民希望了解，如果开征房地产税，自己到底需要缴多少，对自己的生活会有多大影响；二是在当前高房价的背景下，大家都想知道房地产税会对房价产生什么样的影响。本文主要回答大家关心的第一个问题，我们会另做文章专述房地产税对房价的影响。本文用通俗的语言，从学术研究的角度探讨居民的房地产税纳税能力以及税负在房主间的分布。简单来说，这里主要聊聊如果开征房地产税，都有哪些人缴纳；有房一族能不能缴得起。当然，要回答这些问题，首先要看房地产税怎么设计，税率是多少，有没有免除。下面我们逐一讨论。

一、房地产税设不设减免，怎么免？

关于房地产税有没有免除的问题，基于经济学和财政学的理论，无论从效率还是公平的角度，宽税基、少豁免甚至无豁免地对所有业主征收是理论上的最优选择。针对某些特定群体的减免或差别税率，其动态结果并不公平，随着时间推移，不公平的程度还会加速放大，造成严重的社会问题。但在现实中，开征房地产税能不能一步到位，不设任何免除，这还有待仔细研究。从中国当前的高房价背景和舆论环境来看，不设免除可能会面临较大的阻力。鉴于房地产税牵涉面广，开征新税也往往面临方方面面的阻力，为了获得大多数人的支持，不少专家学者主张，开征房地产税必须以大范围的减免为代价。但究竟应该怎么免，却是各执一词。我们先聊聊这个问题。

由于上海的试点政策只针对增量房产等原因，之前社会上流传着一种房地产税方案，叫"只做增量，存量房暂不征税"，即新房上市就纳税，旧房待至上市交易或继承过户时再开始纳税。这个方案的出发点是考虑到新税开征阻力巨大，设法减少阻力，使新税尽早上路；但问题在于把短痛变成长痛，会造成长期不公平，尤其对急需改善住房条件的人群，近似虐待。例如：一无房户为解决刚性需求购房，一旦买了房马上就要缴税；与之对照，另一户在新税颁布之前早有 5 套，却无须缴纳，还把多余房产出租获取租金，增大了两类待遇的差别。这样做是对多数人不公；同时造成市场极大扭曲。另外，房地产税是针对持有环节征收的税种，存量房不征就不是房地产税。因此，在进一步的研究和讨论中这一方案基本已被摒弃。

现在社会上仍然流行的减免方案还有两类：家庭首套减免和人均面积减免。"家庭首套减免"，即凡是家庭只有一套住房的，不加区别一律免税，以期获得大多数人支持。一个典型的说法是：国家机关工作人员，辛辛苦苦几十年，低工资，强负荷，一辈子下来，临近退休只是在好地段得到一套完全产权的房产。按照市值纳税，这些人付不起，只能卖房搬家。这个方案同时承认目前很多家庭拥有两套以上房产的事实，保护这些人的部分既得利益，尤其是房产价值高的家庭，即使第一套房是 300 平方米豪华公寓，也免征。有的学者甚至提出，家庭第一套住房是属于刚性需求，第二套属于改善性的，所以不仅第一套，甚至第二套住房都应当免税。

"家庭首套减免"的方案存在很多问题：如何定义"户"？按户籍还是婚姻关系？鼓励离婚吗？假离婚就能从免一套变为免两套。此外，如何对待不同大小的房子？如何对待不同档次、位置的房子？这个方案的突出问题之一是，多房户当然都会要求扣除大套的、高档的、位置好的、价格贵的；于是，中心城区、风景名胜区、优秀学区等地的税基消失，取而代之的是远郊区、环境差、生活不方便区域的房产。若实行这样的方案，必然是对大众、多数后来购房者的不公甚至歧视；还将造成房产市场长时间的扭曲。再者，失去税基的行政区域的政府和民众也不会同意。

相对于"家庭首套减免"来说，"人均面积减免"破除了假离婚的问题，因

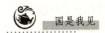

为是"人均",离婚后免除面积仍然一样。这个方案看似合理、公平,尤其照顾低收入人群和弱势群体,其实问题照样存在。首先,若按家庭扣除,如何定义家庭?一口人还是三四口人?为方便照顾老人三代同住的家庭怎么对待?所以,这个提法在税政层面操作难度大;在不同人口数和类型的家庭间很不公平。其次,若按照人均面积扣除,如何考虑房产的档次、位置?同样的人均30平方米扣除,住别墅的跟住普通住宅的待遇就出现了天壤之别,何来公平合理?相同档次、大小的三栋房子,一栋在市中心,事事方便;另一栋不在闹市但在公园旁,环境优美,空气清新;还有一栋在郊区,环境差,交通、生活、就学、就医、上班事事不便。这样三栋房子相同待遇或者相同面积抵扣,字面上公平,实际上对低收入人群和弱势群体极不公平,必然造成市场行为扭曲。

以上减免方案对面积阈值和家庭的定义等问题欠缺考虑,类似的减免设计可能会造成房地产市场和业主行为扭曲。那么,有没有更好的减免方案?我们认为,在与"人均面积减免"相似的征管难度下(要考虑如何计算家庭成员数,上海房产税试点的相关经验可以参考),相对来说,"人均价值减免"可能较好。与前两种方案不同,"人均价值减免"无须考虑房产区位、档次、面积等因素,所有家庭均根据当地经济社会状况按人均免除一定的房产价值。例如若按上海免首套的平均价值500万元折算,上海人均可相应免除100万—200万元房产价值,如此对于一个普通的三口之家,其最终效果与家庭首套减免类似,而单个房产价值很高的三口之家同样也只能免除等量价值。从对不同收入群体的公平性考量,对调节收入分配的作用以及简化政策实施的难度等方面来看,按人均价值减免要优于家庭首套减免和按人均面积减免的方案。"人均价值减免"中到底免除多少"价值",这会直接关系到一些群体到底要不要缴纳房地产税。那么,谁将缴纳房地产税呢?

二、谁将缴纳房地产税?

我们的研究模拟了三套减免方案(家庭首套减免、人均面积减免和人均价值减免)下税负在各个收入群体之间的分布状况。我们把所有家庭按收入由低到高排列,分为四个组,分别是0%—25%,25%—50%,50%—75%,75%—100%,分别以0.5%的统一税率和分省差异化的税率,计算税负分布。为什么是平均0.5%的税率？在下文中将详细阐述。

在无减免的情况下，当税率统一为0.5%时，结果呈现明显的累进倾向：低收入家庭组（0%—25%）承担不到10%的总税负，中低收入组（25%—50%）为15%，中高收入组（50%—75%）约为22%，高收入家庭组（75%—100%）承担近54%的总税负。把高收入家庭组再细分，前1%的高收入家庭承担了5%左右的总税负，前5%的高收入家庭承担了约20%的总税负。若各省根据当地情况使用不同税率开征房地产税，在谁将缴纳房地产税这一问题上，结果与统一税率时基本一致，也具备明显的累进倾向。也就是说，不论是统一税率还是差异化税率，即使不设减免，富裕群体也要承担一半以上的房地产税总税负。无论房地产税如何设计，是否会有减免，高收入家庭（75%—100%）都会承担绝大多数税负。因此，如果房地产税能够真正用于民生支出，低收入家庭可通过缴纳较少的房地产税份额获得比以前质量高的公共服务，对他们来说净福利是增加了。这一点我们将从不同人群对房地产税的纳税意愿角度另文专述。

那么，在不同的减免方案中，结果会如何呢？采用减免方案后，税负分布的累进倾向更加明显，即低收入组的税负份额缩减，高收入组的税负比重增加。其中，"家庭首套免除"和"人均面积免除"方案下的税负在四个收入组之间的分布比较接近，分别为7%、13%、18%、62%和9%、14%、20%、57%。在"人均价值免除"方案下的分布分别为4%、9%、17%、70%，税负移向富裕阶层的趋势更加明显，高收入组的家庭承担了约70%的总税负。其中，最高收入（99%—100%）和次高收入（95%—99%）家庭承担的税负比重分别接近9%和24%，明显高于另外两种减免方案。就是说，在三套方案中"人均价值免除"方案的收入调节作用最高。

具体免除多少平方米或者对应的价值比较合适呢？让我们看看免除后还能收到多少税。开征新税，务必考虑可获得的税收，税收偏少则该税不应开征。设计房地产税减免方案也要考虑可征得的总税额。

"家庭首套免除"方案可征得的税额仅为无免除时的22%，说明该方案基本上抹掉了税基。人均面积免除10、30和50平方米时可征得的税额分别为无免除时的75%、35%和17%，说明人均免除10平方米以内（即人均住房面积的1/3）可保留大部分税基；人均免除30平方米以上时，税基就已经扣除掉了近2/3；若人均免除50平方米，则税基所剩无几。

相应的人均价值免除可征得的税额分别为无免除时的 70%、38% 和 24%，就是说，人均免除 10 平方米的价值去掉了 30% 的税基，但大部分还在。若按人均免除 30 平方米的价值征收，可征得的房地产税额仅为潜在税额的 38%；若按人均免除 50 平方米的价值征收，仅可征得 24% 的潜在税收。所以最终免除额的大小应根据各地财政状况和当地民众对房地产税的接受程度而定。接下来的问题是，在这些不同的设计方案下，在房价较高和房价收入比明显偏高的背景下，普通居民缴得起房地产税吗？

三、普通业主缴得起房地产税吗？

居民能否负担得起房地产税，取决于有效税率（房地产税额与房产价值的比率）的高低。参考过去十年国内公共财政学者所考察各地实际情况，从不同角度、用各种数据做的测算，0.3%—1% 是大致的起始参考区间。我们的研究比较了从 0.1% 到 1% 四个不同的有效税率下的税收负担，发现：在有效税率为 0.5%（即房地产税年度税为房产价值的 0.5%）时，房地产税额约为家庭年收入的 2.5%（1/40），即纳税能力指数约为 40。参考国内已有的测算及与某些国家的房地产税负担相比，这一比重相对合适，就是说 0.5% 的有效税率在当下的中国可能比较适当。

这里 0.5% 的税率是一个平均水平，并不意味着每个地区都是如此。我们的研究着重突出了纳税能力在不同衡量指标、不同税制要素设计（例如不同的减免方案），尤其是不同地区（基层区县）之间的差异。经济发达地区的收入、消费和财富等处于较高水平，房产价值也很高，所以按照相同税率测算，发达地区居民的税负可能会比较重。这与我们一般认为的，发达地区纳税能力较高的认识有所不同。例如，北京上海的平均收入是中西部地区的 2—3 倍，但京沪房价是中西部地区的 5—6 倍，所以发达地区居民的房地产税纳税能力指数可能低于中西部地区。因此，房地产税的纳税能力不仅取决于家庭收入的高低，更取决于收入等因素与房地产价值的相对高低。

我们用家庭收入与房地产税税额的倍数来代表纳税能力指数。若使每个省份的指数约为全国的平均水平，我们计算了各省可行的房地产税有效税率。也就是说，如果每个地区家庭缴纳的房地产税都是相同比重（2.5%—3%）的收入，各地的税率会是多少？由此计算得出，纳税能力指数低的省份，由于房地产价值高，其可行有效税率应该较低；反之亦然。例如，若设定各省的纳税能力指数处于全国平均水平（36.6），北京和上海可行的有效税率约为 0.25%，而吉林、重庆和青海的有效税率可以接近甚至超过 1%。全国平均的有效税率则为 0.54%（其他各省的税率，请参考《经济研究》原文中的表格）。

其实，业主最终关心的并不是税率，而是纳税额。在这样的税率设计下，京沪等发达地区的人均税额仍远高于中西部地区。差异化税率将使不同地区居民的房地产税额占收入的比重大致相同，符合税收的横向公平原则。需要注意的是，这里的税率是无减免的测算。无论使用何种减免方式，最终的税率会低于这里的测算，但不同省份之间的差异仍然是一致的。当然，由于数据限制，这里的计算只能模拟到省一级。实际上，省内不同地区之间的差异也同样如此，如若地区间纳税能力指数也存在较大差异，将充分突出房地产税的地方税特征。地方政府可以在纳税能力指数的基础上，考虑采取不同的税制要素设计和不同的税率。

最后，我们到底能不能缴得起房地产税？所以有这样的疑问，还是因为高房价背景下业主对高税率的恐惧。一些传言，如税率一定在 1% 以上，甚至多套房还要累进到更高税率，在很大程度上扭曲了民众对房地产税的印象。实际上，如我们测算所示，对于大多数普通家庭来说，2.5%—3% 的收入用来缴纳房地产税应该不能称为沉重的负担。一定的减免后，有效税率降低，税负也随之减轻。因此，对于能不能缴得起的问题，我们的回答是，能够顺利开征的房地产税只能是当地居民承受得起的。

有人问，要不要考虑有多套房产的家庭？这其实并不构成问题，因为这些家庭可以出租余房，换取收入。根据当前房地产租售比的现状，即便在一线城市，2% 的租售比也是可以达到的，即便不考虑减免，1/8 的租金用来缴纳房地产税（0.25% 的税率）应该不是问题。

（作者张平为复旦大学国际关系与公共事务学院讲师；侯一麟为美国西拉丘斯大学麦克斯韦尔公民与公共事务学院教授）

中国 OFDI 与国内投资相得益彰

宫汝凯

实施"走出去"战略是构建开放型经济新体制的重要组成部分，是有效利用国际国内两个市场、两种资源，实现国际国内产业联动、市场联动和创新联动以及生产要素和创新要素全球配置的重要途径。在经济全球化的背景下，开放的中国在积极吸引外商直接投资（FDI）的同时，越来越多的中国企业开始实施对外直接投资（OFDI），积极融入全球价值链的生产安排。近年来，随着深化改革开放和实施"走出去"战略，中国企业的 OFDI 出现持续快速增长，商务部、国家统计局、国家外汇管理局联合发布的《2015 年度中国对外直接投资统计公报》显示，2015 年中国对外直接投资创下了 1456.7 亿美元的历史新高，占到全球流量份额的 9.9%，同比增长 18.3%，首次位列世界第二，并超过同期实际利用外资，实现资本项下净输出。越来越多的中国公司选择投资国外，那么，这种投资海外的战略是否导致大量企业将生产转移到国外，影响到国内的投资，进而影响国民经济的持续健康发展呢？深入探讨这一问题对中国加快实施"走出去"发展战略、提升企业参与全球价值链的广度和深度具有现实意义。

一、对外直接投资："卢卡斯之谜"与"中国故事"

在进入正题之前，先做一下预热。首先讲述一个有关国际资本流动的悖论，然后引出中国的故事，作为分析的逻辑起点。主流经济理论认为，由于富裕国家人均资本存量较多，资本边际生产力相对较低，则贫穷国家则相反；资本具有趋利的天性，应该从富裕国家流向贫穷国家，获得更高的资本收益，而穷国得到更多的资本，用于生产建设，提高就业和收入水平。而现实并不如此，从发达国家流向发展中国家的资本量并没有理论上预测得那么多，并且往往是从发展中国家向发达国家倒流，被称为"国家资本流动悖论"。这一悖论是罗伯特·卢卡斯（Robert Lucas）在1990年首次提出，又称为"卢卡斯之谜"。虽然包括卢卡斯本人在内的许多经济学家对此现象提出诸多解释，但面对现实，精巧的模型略显无力，国际资本的逆流仍在谜中。这让我想起了中国，也开始关注中国企业的OFDI问题。改革开放以来，中国经历了由初步探索到逐步成长壮大的对外投资发展历程，目前已经成为全球资本的主要输出国和OFDI最多的发展中国家。心里长存疑惑：经济发展水平比较低、众多企业仍面临融资约束的中国为什么出现如此大规模且快速增长的OFDI？若从微观角度来看，通常一个企业进行OFDI是为了更好地利用自身的竞争优势得到更高的回报，但问题是，中国对外投资的大部分企业并没有明显和独特的竞争优势，那么，为什么还要前仆后继地对外投资呢？从某种意义上来讲，"国际资本流动之谜"便是"中国之谜"了。一心想着解惑，便尝试着打开OFDI的黑箱，探究企业对外投资的动机何在。环顾世界，邓宁等著名学者在2008年总结出，促使企业决定对外投资的动因有四：一是市场寻求型，企业为了进入东道国市场、避免贸易摩擦、降低成本和规避东道国的进口壁垒等而进行的OFDI。现阶段，中国的生产制造在家电、纺织和钢铁等多个领域出现了产能过剩，而其他国家的市场需求却很旺盛，一个自然的选择便是通过OFDI来开拓海外市场。比如，海尔公司就是出海寻求市场的先行者。当然，也有少数企业选择主动出击，利用自己的技术优势开发新的市场，成功者当属华为。二是资源寻求型，如以获得石油、矿山等自然资源为国内生产提供充足的原材料为主要目标的OFDI。资源短缺是中国经济持续发展面临的最重要瓶颈之一。随着经济的持续快速增长，中国将越来越依赖国外原材料和能源等方面的供应，体现为资源和能源类企业海外资产的急剧增长，仅在2009年，中石油、中海油和中石化三大石油公司的对外投资项目超过100个；中铝试图投资力拓也是典型案例。三是战略资产寻求型，主要是为了获得新技术、管理经验、品牌和本地化的营销网络等重要资产，提高企业的国际竞争力。发展中国家通常采用"引进来"和"走出去"两种方式引进技术等战略资产，但随着经济发展和技术提升，中国在引进先进技术时面临诸多障碍，只能通过并购或绿地投资获得国外先进企业的技术和品牌。联想收购IBM的PC业务以及吉利收购沃尔沃就是典型代表。

四是效率寻求型，主要通过重组和理顺现有的海外经营和业务，在全球范围内进行资源配置，按照比较优势原则将不同的生产环节安排在不同的国家，降低生产成本。中国的一些企业正在寻求效率的海外投资，面对不断提高的劳动力成本时，将工厂转移到劳动力成本相对更低的国家和区域。成功投资非洲的华坚已成为典型案例。

在充分了解中国企业 OFDI 的动机之后，也就不再如以前那般疑惑了。中国作为后发经济体，虽然大多企业尚不具备通过对外投资直接获益的竞争优势，但可以通过自身在改革开放大潮下形成的积蓄和学习能力去海外购买资源、取经问道获取技术或品牌、开拓市场和融入全球价值链，形成确保企业长期持续成长的必要储备。如此看来，OFDI 的持续扩张确实有利中国企业的成长，那么，它是否会影响到国内投资呢？长期以来，国内投资都是拉动中国经济持续稳定增长的"三驾马车"之一。两者之间的关系理应得到关注和重视。欲知两者关系如何，且听下节分解。

二、中国企业内对外投资的互动："相互促进"还是"彼此替代"？

下面将分析中国企业内外投资的互动关系。首先，考察国内投资对 OFDI 的影响。主要涉及两个方面：一是直接效应。对于某一企业来说，在面临融资约束时，国内投资与 OFDI 之间具有相互替代性，即国内投资的增加（减少）将会直接引发 OFDI 的减少（增加）。二是间接效应。国内投资可以通过技术进步以及竞争能力的提升促进 OFDI 的扩张。伴随着国内投资增加、技术进步以及经济发展水平的提高，国内企业逐步具备参与国际竞争的优势，对外直接投资的能力得以加强。中国企业融入全球价值链使得国内投资与 OFDI 紧密相连。从融入广度来看，国内投资的增加和生产能力的提升将会促使企业寻求和开拓海外市场，带动 OFDI 的增长；同时，国内投资与 OFDI 的有机结合将促使企业融入全球价值链的程度向纵深化发展。进一步考虑不同类型 OFDI 的影响机理：其一，市场寻求型 OFDI 是国内投资增加、产能扩张和扩大对外经济贸易的结果，国内投资对其具有积极的促进作用；其二，效率寻求型 OFDI 是企业逐步提高融入全球价值链深度和广度的体现，是资本逐步深化和国内投资增长的共同结果；其三，战略资产寻求型 OFDI 需要国内企业通过投资，将一定的技术基础和科学生产流程等作为寻求先进技术和品牌等战略资产的配套条件；最后，资源寻求型 OFDI 是国内投资需求扩张的向外延伸。

对照中国的现实，伴随着国民经济的持续快速增长与生产能力的日益提高，钢铁、家电、汽车和纺织等许多生产性行业开始出现产能过剩，直接为市场寻求型 OFDI 扩张提供了便利的资本；经济结构转型升级也会推动效率、资源和战略资产寻求型 OFDI 的持续扩张。因此，就直接效应而言，国内投资增加将对 OFDI 扩张具有抑制作用；但从间接效应来看，随着经济发展和技术水平的提升，中国在全球资源配置中逐步形成技术竞争优势，增强了企业的对外投资能力，可能会超过直接效应的抑制影响。

接下来，考察 OFDI 对国内投资的影响。主要考虑两种途径：一是企业在国内外的投资可以通过资本成本与融资行为相互关联。尤其是当跨国企业在不同区域的投资面临着较大的融资成本时，其融资行为会使得国内外投资相互关联。此时，把有限的资本投资到国外势必会减少国内投资。二是企业在国内外的投资还可以通过生产过程相互联系。具体依不同类型的 OFDI 而异：对于市场寻求型 OFDI，跨国企业将通过对外投资和本地化生产代替出口，直接引发国内相关投资的减少；对于效率寻求型 OFDI，短期会对国内投资形成替代，而企业在长期可能会以较低的成本进口生产要素或中间产品实现国内投资扩张。因此，在长期，OFDI 扩张将会促进国内投资增长。实施战略资产寻求型 OFDI 的企业可以通过对战略性资产投资实现逆向技术溢出效应带动国内投资的增长；对于资源寻求型的 OFDI，持续增加将导致国内投资的减少，但会通过为国内生产过程提供低成本的投入要素促进国内相关投资的增加。

结合中国的现实，近年来，伴随着技术的进步与经济结构的转型升级，中国 OFDI 已经从以采矿业和制造业为主的第二产业转向以租赁和商务服务业为主的第三产业，并逐步进入科学研究、技术服务和计算机服务等复杂技术领域，对外投资规模不断扩大、层次不断提升。这将促使战略资产寻求型 OFDI 实现快速发展，从国外引进更多的先进技术和科学管理方法等，通过逆向溢出效应带动国内投资的增长。此外，伴随着中国企业生产能力的提升，可以遵照比较优势原则实行东道国的本土化生产，作为解决一些行业相对产能过剩的重要渠道，同时也会促进国内经济的转型升级，推动国内投资的增长。因此，促使市场、资源和效率寻求型 OFDI 的持续扩张都将使得中国企业可以在全球范围内充分利用国际国内

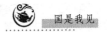

两个市场，合理配置两种资源，势必会促进国内投资的增长。

三、中国企业内外投资互动的国别差异：因目标而异

中国企业正前仆后继地开展海外投资。分东道国来看，在 2003—2015 年间，中国在发达国家和发展中国家的 OFDI 均呈现出逐年扩张的态势，其中，在发展中国家投资的整体规模较大，年均占比为 88%，且增长速度较快，而在发达国家的投资规模则相对较小，年均占比为 12%，且扩张速度相对较慢。根据对现实的观察，中国在发展中国家的 OFDI 主要涉及市场、效率或资源寻求型，而对发达国家的投资多为战略资产寻求型。若进一步考虑到流向动机不同，那么，企业内外投资的互动关系是否会受到东道国经济发展水平的影响呢？根据以上分析可知，市场寻求型、效率寻求型和资源寻求型三类 OFDI 均可视为由国内投资驱动的产能扩张和经济增长的向外延伸，即国内投资会直接推动 OFDI 的持续扩张。而战略资产寻求型 OFDI 则会通过实现逆向技术溢出效应为快速推进国内投资提供技术支撑，进而促进国内投资的增长。进一步考虑到东道国的基本特征，发展中国家往往要素资源相对丰裕，市场潜力很大，低成本的生产要素是其优势所在，但资金相对匮乏；而发达国家的比较优势是技术水平、管理经验和品牌等战略性资源，因此，将中国 OFDI 涉及的产品和行业类型、东道国的要素禀赋和比较优势与以上分析相结合，我们认为，OFDI 与国内投资之间的互动关系因东道国的经济发展水平而不同：在发展中的东道国（地区），国内投资对 OFDI 具有较强的促进效应，而 OFDI 对国内投资的促进效应则相对较弱；而发达的东道国（地区）则相反。

以上提供了中国企业内外投资的互动关系以及国别差异的理论逻辑，这些初步的结论是否成立还有待来自现实数据的检验。基于 2003—2014 年 187 个中国对外直接投资国（地区）的跨国数据，最近我和合作者完成的论文对此问题进行了深入的讨论，结果表明：在流量效应方面，中国 OFDI 与国内投资之间呈现出显著的相互促进效应；在存量效应方面，OFDI 存量对国内人均资本存量具有显著的正向效应，反之则不显著；无论是流量还是存量分析，OFDI 与国内投资的互动效应在发达国家相对较强，而在发展中国家相对较弱。相对而言，在发展中的东道国（地区），国内投资对 OFDI 具有较强的促进效应，而 OFDI 对国内投

资则相对较弱；而对于发达的东道国来说则相反，从而验证了理论逻辑的推断：中国 OFDI 与国内投资相得益彰，因国而异。

四、中国怎么办？

现阶段，中国在逐步实施"走出去"战略之时，应积极推动 OFDI 与国内投资的良性互动，同时要充分考虑政策效应在不同经济发展水平国家（地区）的差异性。具体而言，第一，应积极实施"走出去"发展战略推动国内投资的增长和国民经济的发展，尤其是结合现阶段正在推进和实施"一带一路"发展战略的现实背景，以 OFDI 带动国内投资的增长。第二，在积极实施对外直接投资发展战略的同时，更应注重国内经济制度、投资环境及配套设施等基础条件的改善对国内投资的作用，以国内投资为基础来推动对外直接投资，以此实现国内投资与 OFDI 之间的良性互动。"打铁还需自身硬"，在积极推动和实施"走出去"发展战略时，不能忽视本国经济自身的发展。第三，在积极实施"走出去"战略时需要充分考虑东道主国家经济发展的异质性以及由其带来的影响，尚需"因地制宜"之策。

综上而言，开放的中国正在积极优化对外直接投资战略布局，防范和化解投资风险，培育具有全球竞争力的跨国公司，推动构建全球产业链、价值链、创新链和供应链体系，这既是经济"新常态"下破解国内发展难题的迫切需要，也是中国更均衡、更主动地融入世界经济体系，把握参与全球化利益的长远战略需求，将有力地促进"引进来"与"走出去"相结合，将投资和贸易相结合，国际市场与国内市场深度融合，推动开放型经济向更高层次发展。

（作者为东华大学旭日工商管理学院副教授）

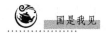

中国对印尼投资大幅飙升

吴崇伯

2013年，习近平主席在访问印尼时提出建设"21世纪海上丝绸之路"的倡议，此后不久上任的印尼总统佐科·维多多则提出了建设"海洋强国"战略，两大战略在加强经贸、投资合作方面有着强烈的战略共鸣。印尼"海洋强国"战略与共建"21世纪海上丝绸之路"的倡议高度契合，为两国经贸合作的发展提供了广阔的空间。随着中国"一带一路"战略从构想走向实践，作为"海上丝绸之路"重要战略支点，印尼对中国企业的投资吸引力越来越强；中国对印尼的投资大幅度飙升。

一、中国对印尼投资不断增长

中国在印尼的投资持续快速增长，已成为印尼的主要投资来源国之一。印尼是中国在东盟的第一大基础设施合作和第二大投资目的地。2005年至2009年间，中国对印尼投资5.68亿美元，在十大东盟国家中位居第三位。1000多家中资企业在印尼的总投资额达到60亿美元，投资领域主要在基础设施建设和能源方面。中资企业的大规模投资，不仅拉动了印尼的经济增长，同时还为印尼创造了3万个工作机会，解决了大批劳动力的就业问题。2011年和2012年，中国在印尼投资分别为1亿美元，2013年投资3亿美元，2014年中国对印尼非金融类直接投资达10.5亿美元，同比增长37.6%，累计投资达38.4亿美元。中国从2015年开始大幅增加对印尼的投资。中国投资者在印尼申请的计划投资额达278万亿印尼盾（约合200亿美元），占印尼外国计划投资总额的23%，同比上涨了67%。

截至 2015 年年底，中国对印尼投资资金超过 80 亿美元，中国在印尼的投资，主要集中在电站和矿产冶炼等领域。2016 年中国投资 26.65 亿美元，与 2015 年相比增幅高达 313%，名次从 2015 年第九大投资国跃居第三大投资国，投资主要集中在镍和铝矾土等矿产冶炼、电站建设以及水泥、汽车和钢铁等行业，也有些进入房地产、农园和酒店部门。印尼投资协调委员会主任托马斯表示，中国对印尼投资大幅上升在于其持续推动企业对外投资，与其在亚太地区投资大幅上升相一致，中国已成为最大投资国，未来对印尼投资潜力仍然很大。

第一，中国企业积极支持印尼发展基建，促进了印尼全国互联互通，也实现了对印尼相关领域的技术转让。中国企业建设的电站发电量占印尼总发电量的 1/4。两国共同建设的印尼最长跨海大桥——泗水—马都拉大桥便利了爪哇岛和马都拉岛之间的人员往来和物资流通。2015 年建成蓄水的印尼第二大水坝——加蒂格迪大坝可灌溉 9 万公顷农田。更重要的是，中国通过在印尼开展的一些高科技合作项目实现了对印尼的技术转让。中国公司在印尼建设的加蒂格迪大坝等重大项目，帮助印尼提高了基础设施建设的技术和设计能力。中国公司投资兴建的青山工业园区不仅为印尼工人举办入职前的技能培训，更注重在岗培训，通过师傅带徒弟的方式实现技术转让。根据双方达成的合作协议，在雅加达—万隆高速铁路建设运营过程中，中方承诺将为印尼培训高铁人才并转让相关技术。

第二，新兴产业大力开拓，合作新动能不断涌现。2017 年 2 月初，中国知名手机制造商小米公司宣布，小米已开始在印尼本土生产手机，年产量可达 100 万台，产品主要供应印尼市场，并从 2017 年起小米在印尼销售的手机将实现 100% 本土化。2015 年联想和海尔两家中国手机生产商在印尼兴建手机组装厂。此前，已有两家中国手机生产商欧柏和华为在印尼建设了手机组装厂。小米、联想、华为等在印尼市场的快速崛起，是以手机和互联网为代表的中国新兴产业在印尼市场攻城略地的写照。印尼庞大的年轻人口、潜力巨大的互联网市场及两国国情的诸多相似性等，吸引着中国的新兴产业。

随着"网购时代"的到来，跨境电子商务迅猛发展，阿里巴巴、京东、百度、腾讯等中国互联网企业纷纷进入印尼，与印尼科技创新企业开展形式多样的合作。印尼政府正在不断深化与中国之间的电子商务方面合作，以提高印尼对中国的出口。印尼对中国的出口将通过阿里巴巴、腾讯网等电子商务平台而大幅度提高。中国风险投资企业为 Grabtaxi 等知名打车平台提供投融资支持，开拓了两

国合作新模式。

第三，中国企业密集投资产业园，提高了当地的产业集中度和整体工业化水平，助推印尼经济发展。综合产业园区是开展产能合作，吸引中方企业开展集群式投资的重要载体，是中国企业在海外走出去的升级版。通过园区建设可形成完整的上下游产业链和完善的物流生活配套设施，提高政府财政税收收入，为当地提供更多的就业机会，提高基础设施和整体工业化发展水平。近年来，中国企业密集投资印尼产业园区。2015年，中民投宣布联合20多家国内龙头民企投资约50亿美元建印尼产业园；2016年，华夏幸福宣布联合印尼马龙佳集团旗下企业投资建设产业新城区；印尼大型企业力宝集团于2016年6月宣布将与深圳盐田港集团和碧桂园工业园合作，在印尼开发建设印尼—深圳工业园区，投资额约为145亿美元。截至2015年12月，我国企业在印尼正在推进的合作区共计75个，其中，通过商务部和财政部确认考核的有13个，累计投资70.5亿美元，入区企业1209家，累计总产值420.9亿美元，上缴东道国税费14.2亿美元。其中，中国企业在印尼投资形成的广西农垦工业园、青山镍矿和不锈钢工业园区，上海通用五菱工业园区，天津聚龙棕榈油农业园区等，有力地推动了印尼工业化进程和相关产业发展，特别是轻纺、家电、钢铁、建材、化工、汽车、机械、矿产品等重点产业发展和升级，提高了印尼产业的集中度。同时，这些工业园区积极履行社会责任，通过一些惠民项目促进了当地商业的繁荣。如青山产业园区对农产品的多元化采购带动了多个地区的畜牧业和渔业发展；园区还协助当地社区修建灌溉水渠，极大方便了当地百姓的生产生活。截至2016年10月，青山工业园区已投入资金24.5亿美元，创造了约1万个就业岗位。

第四，作为"一带一路"的重点合作内容，资金融通也是"一带一路"落地印尼的又一突出表现。中国设立了100亿美元的中国—东盟基础设施专项贷款、400亿美元的丝路基金，倡导成立了1000亿美元的亚投行，各种开发性、政策性商业银行也纷纷来到印尼，为两国基础设施和产业合作提供多样化、极具竞争力的融资选择。2015年9月，中国国家开发银行与印尼三家国有银行签署了总额30亿美元的授信协议。中国工商银行（印尼）有限公司向印尼进出口银行提供金额为5亿美元的5年期运营资金贷款，并同印尼国家储蓄银行签署总额为50亿元人民币贷款合作谅解备忘录。2015年8月以来，中国人民银行分两批采购了1.5亿美元的印尼政府债券。

在两国基础设施建设和产业发展合作中，中国国家开发银行发挥了重要作用。自 2006 年进入印尼市场以来，开发银行支持了包括电力、通信、造纸、矿业、农业等基础设施和产业项目。其中，开发银行积极推动中国、印尼产能合作和工业园区开发取得成效，支持印尼电站项目 11 个，发放贷款 21 亿美元，总装机容量超过 600 万千瓦，有效缓解印尼电力短缺局面；支持青山集团红土镍矿储量超过 2 亿吨、年产镍铁 90 万吨、不锈钢 200 万吨的工业园区建设，园区建成后将成为全球单体规模最大、产业链最长、技术最新、成本最低的不锈钢生产集群；支持金光集团年产 200 万吨纸浆的 OKI 项目建设，项目建成后将成为全球最大的单线制浆生产线。开发银行还将为雅万高铁提供融资，助力印尼乃至东南亚第一条高铁早日建成。开发银行还大力促成了三安光电股份有限公司与印尼最大民营企业金光集团现场签署了销售战略合作协议，助力三安 LED 产品登陆印尼市场。

二、四大行业将出现较好投资前景

尽管存在诸多困难与挑战，但总体而言，印尼市场前景较好，政府努力改善营商环境等因素是中国近两年掀起对印尼投资热的主要因素之一。两国合作外部环境良好，印尼欢迎中国企业来投资设厂，中国政府也鼓励和支持中国企业赴印尼投资兴业。预计中国企业在印尼投资以下行业或领域将出现较好的投资前景。

基础设施。基础设施是双方近年来合作较为集中的领域，作为"一带一路"倡议在印尼的具体体现，一系列由中方承建或投资，象征着两国合作果实的基建合作项目近年来在印尼逐一落地，包括加蒂格迪大坝、泗水—马都拉大桥、加里曼丹塔扬桥项目等。印尼将大规模升级基础设施，包括道路、桥梁、发电设施，以及软性基础设施等。印尼正在集中建设 3500 万千瓦发电厂、24 个海港和苏门答腊直至苏拉威西与巴布亚的高速公路。未来 5 年，印尼将建设 2650 公里公路、1000 公里高速公路、3258 公里铁路、24 个大型港口、60 个轮渡码头、15 个现代化机场、14 个工业园区、49 个水库、33 个水电站，并为约 100 万公顷农田建立灌溉系统，预计所需资金约 4245 亿美元。缺少资金、技术和工程支持的印尼，急需中国的支持。印尼期待中国企业能参与上述基础设施工程投资。港口、码头、铁路、公路等基础设施及相关产业链、地热等新能源产业均存在投资机会。

电力合作。电力合作是中印尼合作的典型代表。印尼全国总人口 2.55 亿，经济发展迅速，电力需求日益增长，但电力总装机容量 5358.5 万千瓦，人均装机容量仅为 0.21 千瓦，面临着严重的电力紧张局面，全国仍有 20% 的人口尚未用上电。突出的电力供需矛盾和未来巨大的电力潜在需求，已经引起了政府的高度重视，印尼已出台 2015 年至 2019 年的电力发展规划，计划到 2020 年新建装机容量为 3.5 万兆瓦的电站项目，全国电力普及率达到 99%。在努力开发国内电力投资能力的同时，印尼政府积极拓宽融资渠道，引入外资，力求在短期内扭转电力供需失衡的局面。印度尼西亚是中国对外承包工程的主要市场。电力工程是中国企业在印尼的重要业务领域。印尼期望与中国在电力领域加强合作，2019 年前中国企业可继续参与印尼政府雄心勃勃的 3.5 万兆瓦发电项目。

信息技术产业。作为当前全球创新最活跃、带动性最强、渗透性最广的领域，近年来信息技术产业加快向网络化、服务化方向发展，云计算、大数据、移动互联网、物联网等新技术新业态迅速兴起，未来增长空间极大。印尼已是东南亚最大的信息技术消费国，该国通信部数据显示，印尼 2.4 亿人口中约 34% 能够接通固定互联网，2.6 亿移动终端用户意味着平均每人持有超过 1 部手机；随着人口的年轻化、消费阶层的勃兴、基础设施的完善，这一数据还将不断攀升。另一方面，印尼通信行业尚在起步阶段，迫切需要大量能够实践最新技术的专业人才。中国和印尼两国于 2010 年就签署了通信信息领域双边长期合作协议。印尼计划在 2017 年前完成广播电视数字化改革，印尼政府正出资鼓励印尼大小岛屿的通信电缆建设。发展以广播电视信息产业融合为代表的创意产业。印尼 ICT 基础设施建设目前还很薄弱，行业发展前景非常广阔。印尼政府在未来 5 年规划中将重点提升印尼网络普及率并在各行业推动 ICT 的应用，未来 ICT 创新将面临极大的市场需求。互联网覆盖率约占印尼人口的 12.5%，移动互联网则占 50%。印尼的宽带覆盖率在东盟国家中是最低的，因此也具有巨大的成长潜力。印尼政府也致力于网络全国普及。在发展电商方面，印尼相对其他东南亚国家有些滞后。中国被认为在数字经济，尤其在电子商务和金融技术方面有着强大创新能力。印尼工商界希望与中国合作开发印尼的电子商务行业。印尼政府已经邀请中国电商阿里巴巴公司的董事长马云出任其电子商务指导委员会顾问，旨在帮助印度尼西亚的 800 万中小企业在 2020 年实现电商化。华为是全球领先的 ICT（信息、通信和技术）公司，印尼通信部与华为技术投资有限公司签署 ICT 创新中心合作谅解备忘录，宣布未来将联合打造印尼创新中心，共同推动行业发展。中方期待继续与印尼携手合作，深化包括信息通讯等基础设施建设方面的合作，中国政府也将继续鼓励中资企业参与印尼信息通讯基建工作。

旅游业。印尼政府高度重视旅游业对经济发展的促进作用。自 2014 年起，旅游业同基建、海洋、食品、能源一起成为印尼五大优先发展的支柱产业。2016 年，印尼共吸引国际游客 1151.9 万人次，比上一年增长 10.69%。近年随着中国与印尼双边关系的不断升温，来印尼旅游的中国游客连年递增，印尼旅游部期望在 2017 年能吸引 200 万人次中国游客。为了吸引中国游客，未来印尼除了开通更多两地直飞航班，还将扩大在中国的宣传推广，并加大与中国旅游业界的合作力度。目前旅游业亦成为印尼政府投资重点，除巴厘岛外，政府将建立 10 个新的旅游目的地，鼓励中国企业在此行业投资，包括旅游交通、旅游饭店、旅行社相关服务、旅游区的开发建设、主题公园、时尚和购物中心等。

（作者为厦门大学南洋研究院教授）

牛津大学访学散记

欧阳峣

牛津大学是令人向往的世界著名学府，也是英语国家中最古老的大学，拥有800多年的悠久历史。我曾经两次到英国考察，一次是考察粮食生产，一次是考察中小企业，因没有机会去牛津大学而感到遗憾。2017年春天，我利用寒假来到牛津大学做高级研究学者，在这里度过了愉快的43天。回想起来，不仅初步熟悉了牛津城市和牛津大学，而且知道了牛津大学的机构和学科设置情况，接触了一些教师和学者，在高等教育和学术研究方面获得了有益的启迪。

一所大学和一座城市

中国有很多大学城，其实就是大学集中的地方，政府用优惠政策将几所大学吸引过来，建设新的校区。但各个学校只同老校区往来，学校之间仍然是封闭的，特别是有的大学城服务设施滞后，到了假期就变成了寂寞的空城。来到牛津，我看到了真正的大学城，牛津大学就是一座小城，在这里大学即城市，城市即大学，两者完全融合。春天的早晨，我漫步在牛津城，随处可见学院和研究所，随处可见商店和餐馆。在这美丽而宁静的牛津，的确分不清哪里是大学，哪里是城市，大学和城市的建筑交织在一起，大学和城市的文化也融合在一起。显然，牛津就是一所大学和一座城市。

牛津的建筑有着鲜明的特色，历经800年后，这座城市仍然保持着传统的建筑风格。学校和城市的主体是哥德式建筑。这是起源于公元11世纪的法国，后来流行于欧洲的一种建筑风格，最明显的特点就是带有一些高耸入云的尖顶，尖形拱门、肋状拱顶和飞拱，以及色彩斑斓的玻璃画，它以卓越的建筑技艺表现神秘、哀婉、崇高的强烈情感，开始主要用于建造教堂，后来也用于建造礼堂、剧场等公共设施。正如英国教育史学家约翰·普雷斯特（John Prest）所说："牛津大学是在教会的摇篮中诞生的。"牛津城曾经是设立教会、法庭的场所，也是开设神学讲座的殿堂，这里的建筑自然带有哥德式教堂的痕迹。雷德克利夫广场是牛津的中心，圆形穹顶的图书馆格外显目，淡黄色的圆形桶柱上面戴着绿灰色的尖顶，旁边的柱子和门上镶着精致的雕刻，室内还建造着漂亮的拱门和楼塔。图书馆周围矗立着一些古老的建筑群，主要有卡法斯塔、圣玛丽大教堂、谢尔德尼安剧场，高街的万灵学院、王后学院、莫德林学院，宽街的塔克斯特学院、三一学院、贝利奥尔学院。这里的学院都是四合院式的建筑，建有漂亮的拱门、绿色的花园、古老的教堂、高雅的图书馆和宜人的餐厅。

　　牛津不仅是世界著名的大学城，而且形成了一种新型的现代产业发展模式，我把它概括为"以高等教育为龙头，带动文化产业、科技产业、服务产业和旅游产业发展"的新模式。牛津大学作为一所古老的大学，在不同时期培育了许多政

作者在牛津大学

界的领袖、工商巨子和科学文化精英，著名生物学家托马斯·赫胥黎（Thomas Huxly）把它形象地比喻为"一个人类智慧之光的聚合点"。牛津大学作为世界高等教育发展的杰出典范，被称为"教育的奥林匹斯山"，目前，来自全世界100多个国家的近2万名学生聚集在牛津大学，其中海外学生的占比为25%左右。它独特的教育模式为世界各国的大学所效仿，辉煌的学术成就也令世人瞩目。正是凭借高等教育发展的重要影响力，其带动了整个牛津城的产业发展。牛津的文化产业繁荣，以莫德林图书馆为主体，这里有170多家收藏着丰富资料的图书馆，构成了庞大的图书馆服务系统，在世界上享有盛誉；牛津城的博物馆资源非常丰富，阿什莫尔博物馆是英国第一座博物馆，此外还有科学史博物馆、人种史博物馆、自然历史博物馆等，在科学、艺术、历史领域的声誉很高；牛津大学出版社是世界上规模最大的大学出版社，通过出版传播学术和知识，推动科学研究和学术交流，《牛津英语词典》已经成为它的一面旗帜；牛津的布莱克威尔书店，在宽街上有几个出口，拥有5公里长的书架，进入书店，就会有一种漫步于书的海洋的感觉；牛津的自然科学也取得了辉煌成就，建成了一批重要的化学、物理、医学实验室，而且有世界上第一个因特网学院，牛津科技园通过专利转化和技术有偿服务带动了科技产业的发展。同时，牛津城的服务产业和旅游产业发达，来自世界各国的旅客到这里观光旅游，城里布满了旅馆、饭店、酒吧和商场，并提供必要的信息咨询服务。显然，牛津的产业发展模式体现了和谐、生态、文明的特征，可谓教育带动的现代产业发展模式的典范。

学院设置和中国中心

学院制和导师制是牛津大学的特色，也是实现精英教育理念的有效途径。牛津的学院有两种类型：第一种是专门组织教学和研究活动的机构，主要有人文学部、医学部、社会科学学部，商学院、政府管理学院、跨学科研究院和经济系、历史系、数学系以及各种研究所或研究中心；第二种是寄宿制学院，目前已经达到40个学院，我去过的有万灵学院、贝利奥尔学院、王后学院、三一学院、莫德林学院、凯洛格学院、埃克塞特学院、纳菲尔德学院、圣休学院、圣安东尼学院、沃尔夫森学院、玛格丽特夫人学院和新学院等，它们是将教学和生活合一的场所，每所学院有一个自成体系的大院，其中有图书馆、教室、寝室、食堂、花园，古老的学院还有教堂。这些学院既是学生学习和生活的场所，也是教师辅导学生和生活的场所。学习不同专业的学生，教授不同课程的教师，可以根据自己的爱好和兴趣，选择加入一个学院。我们把这种体制叫作"书院制"，据说是牛津大学和剑桥大学的独特体制。与之相对应的是导师制，每个导师一般带3—5名学生，每周导师对学生进行一次"一对一"的辅导，由学生报告自己的研究和论文，导师要提问和评论。这里的学院人数很少，花费的成本很高，体现了精英教育的特点，而且有利于不同学科和专业的融合，也有利于人文精神和科学精神的融合。

邀请我来牛津大学访学的教授，是跨学科研究院的院长瑞秋·墨菲，她是从剑桥大学毕业的博士，导师是剑桥大学发展学部的主席彼得·诺兰教授。跨学科研究院属于综合性的研究机构，下设有中国中心、南亚研究中心、中东研究中心、俄罗斯研究中心和非洲研究中心等机构。中国中心应该是规模最大的研究机构，主任由著名的历史学教授拉纳·米特担任，在潘迪生中国中心大楼办公。这栋学术大楼的面积有5500平方米，是由香港实业家潘迪生捐资建设的，潘先生出资1000万英镑，英国政府出资1000万英镑。大楼拥有一个中国式的中央庭院和花园，融入了很多中国元素，墙壁挂着"博学之、审问之、慎思之、明辨之、笃行之"的木刻大字，玻璃柜里存放着彩色的瓷器和织锦，大楼中间装有旋转式楼梯和电梯，可以直上楼顶。一楼是报告厅和图书馆，藏有6万册书籍和文献，分为中国经学类、哲学宗教类、历史科学类、社会科学类、语言文学类、中国语言文字学、中国文学、美术游艺类、自然科学类、农业工艺类、总录书志类和书志学目录类；二楼是办公室和餐厅，在这里办公的研究人员分为两个部分，即瑞秋·墨菲教授带领的国际区域学研究团队和拉纳·米特教授带领的东方学研究团队；三楼是教室和访问学者工作室，据说每年接受20名访问学者，中国学者占50%左右。2014年9月，威廉王子和中国驻英大使刘晓明出席大楼的落成典礼，期望中心成为中英两国之间联系的纽带，成为全世界研究中国问题的学术高地。

我的研究方向属于区域学科，瑞秋·墨菲教授给我安排了三次交流活动。第一次是同保罗博士的交流，他是剑桥大学毕业的博士，我们主要讨论中国的科技政策问题；第二次是同凯尔副教授的交流，他是哈佛大学毕业的博士，我们主要讨论中国的财政分权体制问题；第三次是同几位博士研究生的交流，他们分别来自中国、德国、美国和意大利，我们主要讨论中国的发展和城市化问题。聂洪萍研究员为我安排了一次中文论坛，以"中国式创新：从跟随者到并行者"为题做了学术讲座，瑞秋教授等英国专家和中国访问学者听了讲座。同时，我拜访了国际发展系教授、英国社会科学院院士怀特·芭芭拉教授。2013 年她来中国农业大学讲学的时候，我曾经邀请她到湖南讲学和考察。还拜访了经济系教授、英国经济史学会主席斯蒂芬·不劳德伯里教授，他是长期研究经济增长和经济史问题的，我希望同他进行学术合作研究。2 月 18 日，牛津大学的中国学联在赛德商学院举办"中国论坛"，组织者是工程系汤元博博士，他邀请我参加论坛，在这里见到了牛津大学技术管理与发展中心主任傅晓岚教授，《经济学人》（中文版）主编麦杰思先生、中国驻英大使馆科技衔参赞蒋苏南先生。

经济学科渊源及成就

牛津大学的经济学科分散在不同的院系和研究机构。其一是经济系，来自中国西安的博士研究生焦兮或为我介绍了系里的情况，这里有研究国际经济学的安东尼·巴伯雷教授，他曾经同诺贝尔奖得主克鲁格曼教授合作撰写《空间经济学》；研究发展经济学的史特芬·德尔康教授，他在非洲发展政策研究领域很有影响；研究经济史的斯蒂芬·不劳德伯里教授，他主编了《剑桥现代欧洲史》。其二是国际发展系，这里有研究发展经济学的怀特·芭芭拉教授，研究技术管理创新的傅晓岚教授。其三是新经济学研究所，由金融大鳄索罗斯资助，期望打破经济学传统，这里有研究计量经济模型的大卫·亨德利教授，他是经济模型项目联合主任，也是英国皇家经济学会名誉副主席，著有《理解经济预测》。此外，在政府管理学院和赛德商学院也有一些经济学教师和研究人员。

牛津大学经济学科的渊源很深，现代经济学的鼻祖亚当·斯密曾经在贝利奥尔学院学习。从 1741 年到 1746 年，亚当·斯密在这里度过了六年的时光。虽然他对牛津的派系林立颇有微词，却对牛津心怀感激，因为这里有一座最好的图书馆，他阅读了大量的古典著作，开始了对人类天性的研究。亚当·斯密的经济学巨著《国民财富的性质和原因的研究》，后来也是在牛津大学出版社出版的，成了牛津大学出版社的百年出版经典。

在现代经济学的发展进程中，牛津大学的学者做出了杰出的贡献。在这里的经济学大师中，涌现了一批诺贝尔经济学奖得主，他们是纳菲尔德学院的约翰·希克斯（Sirsohn Hicks）教授、詹姆士·米勒斯（James Mirrlees）教授，贝利奥尔学院的冈纳·米尔代（Gunnar Myrdal）教授、詹姆士·米德（James Meade）教授、罗伯特·索洛（Robert Solow）教授，万灵学院的阿玛蒂亚·森（Amantya sen）教授，林肯学院的芬伦斯·克莱恩（Lawrence Klein）教授，莫德林学院的阿·迈克尔·恩彭斯（A Michael Spence）教授。

　　牛津大学是中国学生和学者向往的学术殿堂，有许多优秀的华人教师和学生在这里工作或学习。在我认识的朋友当中，崔占峰教授是英国皇家科学院院士，傅晓岚教授是牛津大学社会科学领域的首位华人教授，在沃尔夫森学院从事博士后研究的马宇歌、朱纪明是来自清华大学和北京大学的高才生，焦兮彧从伦敦政治经济学院硕士毕业后来到牛津大学攻读博士学位，莫德林学院的黄永超博士和袁若峰同学都是很优秀的学生。

　　　　　　　　　　　（作者为湖南师范大学教授、牛津大学高级研究学者）

北漂的边缘学者面对高房价何去何从

荆林波

　　小洪来电要求报一个选题，我自然而然地就把自己最关心，也是众多北漂的边缘学者较关心的问题作为选题上报了。从现实讲，这个选题非常紧迫，而从内心讲，这个选题足够悲伤。

　　何为"北漂的边缘学者"？我认为，这是指第一代移居北京，而在北京没有购买房子，并且没有解决职称的研究人员、教职人员。我这里交流的话题是：他们的未来如何面对高企的房价？他们继续北漂是否还有可能？

残酷的高房价

　　关于中国的房价，我们可以看看过去的一些判断：

　　2015 年 6 月，厉以宁指出："中国房地产行业的黄金时代已经结束了，但是短期内国家还会将房地产当作支柱产业，为国民经济贡献力量。"① 福卡智库预测，2016 年，或将是房地产市场的调整年，楼市既不会暴涨更不会崩盘，而是在市场规律的主导下走向"贵者更贵、贱者更贱"的分化，离散度进一步加大。

　　而房地产的分析人士牛刀作为中国楼市的"唱跌派"，他眼里的房价则是"跌跌跌"！他认为中国楼市泡沫一定会破灭，而且必然是拉美式加日本式，中国目前面临这两种房产泡沫破灭的叠加模式，中国房价至少要跌去 80%。

　　任志强作为中国楼市的"看多派"，他眼里的房价是"涨涨涨"的节奏，任

---

① 厉以宁：《房地产支柱产业地位不可动摇》，载《中国地产总裁》，2015 年 6 月 3 日。

志强预测 2016 年房价会暴涨，他认为新一届政府更希望房价上涨，否则如此大规模的地方债窟窿可能抹不平，2016 年房价依然有较大的价格上涨空间。① 结果不出"任大炮"所料，2016 年中国房地产的走势令人瞠目结舌。

据英国《金融时报》报道，中国大城市房地产价格大幅上涨，北上广竞相疯涨，深圳楼价的飙升尤为抢眼。而且，我们还出现了一系列所谓的"热点城市"。

纵观近十年来中国房地产的历史，就是典型的"追涨不追跌"，房价越涨，人们越抢着买，甚至出现所谓"恐慌性购房的现象"。在历次的对决中，恐慌性购买者都成了游戏的赢家，而每次预测房价泡沫要破灭的人都成了被耻笑的对象。连奥运的口号——"只有更高，没有最高"，也成为房地产价格的真实写照。

北京房价：未来走势

然而，今年这一次是历史的重演还是历史的终结？我的判断是北京房价仍然会步步高，越来越超出北漂边缘学者的承受能力。很显然，作为北漂的边缘学者希望北京房价随着"930"的调控，逐步降下来。然而，恐怕这是一厢情愿，难以实现。

首先，中央对于北京等大城市的房地产以稳定健康发展为宗旨，并不希望房价下降，更不要说大起大落。9 月 13 日，国家统计局发布最新房地产开发投资月度数据，在房价坚挺的背后，国家统计局新闻发言人盛运解读称，房地产是很重要的产业，我们希望房地产既能够对经济发挥稳定的促进作用，又能够体现民生改善，让居民能够得到实惠。的确，房地产对我国经济增长、保证就业乃至解决中央政府财政收支压力都有重要作用。所以，中央政府绝对不希望房地产的泡沫破裂，而希望房价稳步增长、健康发展。以至于，著名学者叶檀提出：房地产的黄金时代已经过去了，但白银时代还在，白银时代的特征是整体不会大幅下滑，不过区域分化在加剧。一二线城市房地产投资仍最安全。②

徐远在 2017 年 2 月 23 日提出：一线房价无泡沫。他以北京金融街 100 平方

① 《牛刀看跌任志强看涨　2016 房价预测谁更准》，搜房网，2015 年 10 月 16 日。
② 叶檀：《一二线城市房地产投资仍最安全》，中国新闻网，2016 年 5 月 7 日。

米的中高端房产为例。在金融街寸土寸金的地方，100平方米的房子月租2万元，年租24万元应该没问题。未来的通胀率以2%计算，租金上涨率以5%计算，租金实际增速以3%计算，贴现率以4%计算。这样得到的租售比是100倍，均衡房价是2400万元，单价24万元，和纽约豪宅的价格差不多。他特别说明，这样的计算当然是拍脑袋的结果。未来是不确定的，一切预测都可能是错的。然而，残酷的现实是北京金融街的房子已经达到25万元。①

其次，北京市的做法必然引发房地产价格的进一步上涨。众所周知，需求与供给是影响房价的两大因素，也是解决住房问题的两大着力点。回顾房地产政策，调控的主基调是以需求管理为主、供给管理为辅，把"支持自住性需求，抑制投机投资性需求"作为基本方向。的确，把调节住房需求放在重要位置，可以挤出部分的热钱炒作，促使商品房回归商品本位。然而，一些地方"限贷、限购、限价"三管齐下，并没有达到预期的政策效果，一定范围内还扭曲了市场的供求关系。② 首先要千方百计保证住宅用地的供应。房屋建在土地上，土地供给是住房供给的前提。2010年到2013年的几年中，我们始终没能完成土地供应计划，特别是一些一线城市更是连续多年未"及格"。以北京为例，2012年全年共成交经营性用地372公顷，仅完成年度计划的31%。"十三五"时期，北京计划将城乡建设用地规模从2921平方公里缩减到2800平方公里。特别是，《北京市2017年国有建设用地供应计划》，其中商品住宅用地计划安排260公顷，比2016年的850公顷骤减近七成。如此做法的结果必然是：不从增加土地供给入手，无法稳定"面粉"的价格，更无法稳住"面包"的生产，北京"地王"会进一步攀高，老百姓的恐慌情绪必然推动2017年乃至今后房价的走高。

再者，北京学区房仍然是未来最具升值的投资。为了遏制择校热、规范中小学招生秩序，教育部于2014年先后出台《做好"小升初"免试"就近入学"工作的实施意见》和《做好重点大城市义务教育免试就近入学工作的通知》，聚焦19个重点大城市，推进义务教育免试就近入学政策的制定和完善。以北京为例，2014年4月，北京市进一步强调了免试"就近入学"的原则，取消了"共建生"。在此改革背景下，北京市各行政区的义务教育阶段入学政策相继出台，扩

① 张凤玲：《学区房争夺季又启 小学学区房25万1平仍抢手》，载《经济观察报》，2017年2月25日。
② 荆林波：《以供给管理成就住房梦想》，载《人民日报》，2013年11月11日。

充学区、对口直升、九年一贯制等措施相继出台。而这类"政策"对"学区房"的影响却正在逐步增强。我们不得不说北京市的基本公共服务中的教育服务存在着严重的不均衡现象，特别是对于广大北漂的边缘学者都面临的子女入学问题。一般而言，这些北漂者留在北京的一个主要原因是给子女未来教育提供一个好的机会，北漂者多数留京后是上集体户口。比如，社科院经济所、工经所和过去的财贸所在月坛北小街，属于西城区，对应的中小学都是很好的学校。过去大家都愿意把户口放在所里的集体户上，保证子女有好学区对应。即使许多人购买了房子后，也不愿意把户口迁出。近年来，北京市加强对集体户的管理，原则要求购买商品房后，就要把户口迁走。特别是，根据《北京市西城区教育委员会关于西城区 2016 年义务教育阶段入学工作的意见》和《2016 年西城区非本市户籍适龄儿童入学证明证件材料审核办法》，在本学区学位有余的前提下，在学区内派位入学，学区学位不足的在全区派位入学。也就是说，有集体户口，并不能保证在本学区入学，而且西城区房管局审核父母的西城区实际居住证明是条件之一。那么，学区实际居住证明背后必然牵涉到是否有住房或者租房。北漂的边缘学者今后必然面临不买学区房也要租高昂的学区房的情况。2016 年北京市进一步坚持就近入学的政策，由此，为了进名优小学，出现了 10 平方米 340 万元的天价学区房。短期内要彻底实现优质教育资源普惠制是非常困难的，只能持之以恒，鼓励优质中小学通过联合重组，扩大优质教育资源的供给。

最后，特别要说明，房地产价格本身是一个伪命题。我们知道，商品之间对比价格，只有同质化的商品，对比价格才有意义。也就是说，都是矿泉水，对比价格高低才有意义。然而，房地产则不同，尽管房子都是用来住的，但是，它的地段不同，加上我们现在不同地段给予的公共服务不同，尤其是学区地段的房子与非学区的房子之间，它们之间是没有可比性的。换言之，大家千万不要被相关统计数据所蒙蔽。比如，国家统计局公布的 2017 年 1 月 70 城住宅价格数，总体来看，随着调控的持续，新房房价涨幅已经趋缓，新房市场调控效应已经显现。这里的新房房价，并不是北漂一族关注的核心区域的房价。随着各地中心区域开发几近完毕，新楼盘出现远郊化的趋势，那么，新房房价平均之后必然是下降的。所以，我建议大家谈房地产价格的时候，一定是要对比具体楼盘的价格，这种对比是同质的房地产，其价格的高低才有意义。也就是，要按照同一地段、同一学区、同一建筑质量等对比房价，这样，才能把握房地产的真实走向，从这个

意义上讲，房地产中介机构是最有话语权的。

总之，房地产价格是全民关注的最热话题，也是政府部门最聚焦的核心问题。其背后涉及中央宏观政策、中央与地方的利益分配、我国金融体系安全等众多问题。

北漂的边缘学者：何去何从

第一，投资房地产是必然的选择之一。2015 年，我国的广义货币是 150 万亿元左右，比 1990 年涨了 99.39 倍。25 年间涨了接近 100 倍，意味着居民财富必须涨 100 倍，才能保值。按照 GDP 每年 7% 的增长，如果房价每年也以 7% 增长，10 年房价肯定要翻一番。[①] 因此，从这个角度来看，投资房地产仍然是最佳的资产配置方式。另外，根据上市公司的报告，A 股上市公司年度盈利不足 1500 万元的有 300 多家，超过上市公司总数的 10%。而 1500 万元仅可以买到京沪深主城区一套房产。以至于出现 *ST 宁通 B 靠卖两套学区房 "保壳"。正如中国人民大学的研究报告所指出的："房地产市场交易的火爆，导致家庭部门的定期存款转化为房地产商的活期存款。"[②]

显然，北漂的边缘学者要一步到位购买北京的房子，需要足够的支付能力。仅仅靠个人的能力，大多数人无法做到，目前的可行做法是：

方案 1：亲朋支持首付，自己还月供。一步到位，购买市中心的大学区房子。这是最理想的，但是，大多数人不具备这个条件。或者退求其次，购买一个小户型的、老房子甚至地下室，这类房子面积小但是单价高，房子的总投资量对于部分人是可以接受的。对于平房或者地下室是否可以投资，目前面临潜在的政策风险。2017 年 1 月 26 日，《关于加强国有土地上住宅平房测绘、交易及不动产登记管理的通知》中第三条明确规定：住宅平房申请办理房源核验时，属地房管部门或其委托机构应在受理阶段进行实地核验，并将门道、通道、廊子、厨房、厕所等不具有居住功能的情况，在存量房交易服务平台房源核验表单中进行标注，不动产登记部门依据系统中标注信息，在不动产权证附记栏中予以记载。

---

① 叶檀在最近的一次演讲中引用北京师范大学董藩的话说：北京的房价未来涨到一平方米 80 万元。
② 刘元春主持：《中国宏观经济月度分析报告》，2016 年 9 月。

换言之，过道学区房在《存量房房源核验信息表》中标注为"通道"，不是"房"，购买"过道"的家庭子女存在不能上学的风险。

方案2：亲朋支持首付，自己还月供，购买北京郊区的房子。按照最新的数据，2017年1月房产交易最火的区域是房山区，均价已经达到一平方米5万元，如此一来：按照100平方米计算，根据北京市的规定①，购买首套普通住房的首付款比例不低于35%，也就是500万元左右的房子首付至少需要175万元，其余的325万元需要贷款。能够提供足够的收入证明，是拿到325万元的贷款的关键所在。现实做法是，通过中介机构把房屋价格做低，而把房屋内部装潢、家具、电器等做增值处理，以保证北漂者能够勉强通过贷款审核。即使如此，购房后，北漂者的还贷压力仍然不小，极端点说：余生都在为银行在打工，做房奴！

方案3：无法从亲朋那里筹集到北京房子的首付，那么，只能在热点城市买房，尤其是北漂者的原籍，如在郑州、武汉等二线城市投资，或者在河北、天津等靠近北京的区域进行投资。随着京津冀一体化与协同发展战略的推动，河北与天津将担负起疏解北京非首都功能的重任。在承接产业的过程中，产业设施升级以及人口的流入将提高当地土地价值、激发住房需求，对地方房地产企业带来直接利好。特别是，城际之间的交通改善，也提升了北漂的边缘学者在河北和天津购房的积极性。因为，此人群大多数不需要坐班，住得相对远，对科研与教学的影响不大。当然，这里的问题是北漂者出了北京，是否算北漂呢，心理要有足够的承受能力。

方案4：租房。这是北漂者的常态。目前，我国约有1.6亿人在城镇租房居住，占城镇常住人口的21%，其中北漂族是核心代表。

现在的问题是：购房者都转为租者者，房价高企也带动了租金上升。在诸多大学聚集的海淀区五道口周边，据记者调查，一居室每月租金普遍在5500元以上，有些位置好环境好的两居室，租金达到15000元，这是许多北漂边缘学者可望而不可即的。他们第一步只能先到相对偏僻的地区租房。

另外一个问题就是长期租房是否可行？中国人习惯了购买房产，在没有恒产

---

① 在2016年9月30日发布的《关于促进本市房地产市场平稳健康发展的若干措施的通知》，要求北京市提高购房首付款比例。其中购买首套普通住房的首付款比例不低于35%，购买首套非普通住房的首付款比例不低于40%（自住型商品住房、两限房等政策性住房除外）。

便没有恒心的思维惯性下，北漂族能否有所改变呢？这个可能要慢慢适应。

最后一个核心问题是租房者的待遇问题。2月23日，住建部领导在新闻发布会上指出：住建部将加快住房租赁市场立法，"通过立法，明确租赁当事人的权利义务，保障当事人的合法权益，建立稳定租期和租金等方面的制度，逐步使租房居民在基本公共服务方面与买房居民享有同等待遇"。我认为，这是一个革命性的变革，如果租房居民能够与买房居民在基本公共服务上享有同等待遇，那么，可能还有北漂者不断涌入。否则，北漂的边缘学者根本无法在北京漂流，北京的活力将十分堪忧。

方案5：等待单位解决，或者等待廉租房等其他形式。这样解决起来也不容易。并非所有单位都有房子分配。

总之，对于大多数北漂的边缘学者来说，"安得广厦千万间"，仍然是一个美丽的梦。不仅是这些边缘学者，就是小有名气的学者，如今在北京想当房奴都难！每年的毕业季，我作为主考官要接待若干试图留在北京的毕业生，每次的面试不仅是对这些未来北漂者的磨砺，也是对我的一次"折磨"。众多优秀的学生，无法得到一份体面的工作，无法有一个安身之所，甚至无法解决北京户口，然而，他们依然抱着"不放弃，绝不放弃"的决心。正如一位面试者所言：最后的出路，就是找一个有房子的北京人，一切就OK啦！

（作者为中国社会科学院中国社会科学评价中心研究员）

经济学研究的进入壁垒

邱 斌

一

做任何事或者从事任何行业的经营都要进入壁垒（barrier to entry），从事经济学研究也不例外。当然，这里所讨论的经济学研究，一定是指较高水平的研究，若是一般的研究，也就没有必要深入讨论了。当然，经济学本身是个学科大类，无论按照学科分类还是国际惯例，经济学下面还是可以细分出很多我们称之为专业或者方向之类的科目类别的。本文姑且略去那么多的繁文缛节，仅从按照国际通行标准做好一项研究的角度来非正式地说说经济学研究的诸多壁垒。

首先是语言文字功底。做研究、写论文的起点是写点像样的东西，因此，良好的语言文字功底一定是做好研究的最基础条件。这里的语言文字并不特指某种语言，姑且就说中英文吧，一个是我们自己的母语，一个是国际刊物通行语言。为何中央电视台的"中国诗词大会"那么火？原因就是我国的诗词特别是古诗词语言文字优美，可以纾解人生惆怅甚至表达家国情怀。从给我们留下深刻印象的经济学著作或者经济学论文来看，其标题常常让人过目不忘，这往往反映的也是作者（译者）的语言文字功底。以最著名的《国富论》为例，如果早期译者把亚当·斯密这部著作直接翻译成《国民财富的性质和原因》的话（当然翻译的时候还不是白话文时代），这部著作的影响可能没有那么大了，而这也绝非危言耸听。又如，十多年前复旦大学陆铭教授的一篇《因患寡而患不均》的论文，因其标题巧妙地改动我国古代的一句著名言论"不患寡而患不均"，因而取得了出其不意的立意和传播效果。又如，数年前复旦大学宋铮副教授的成名作

Growing Like China（《中国式增长》）。他是大陆较早在 **AER**（《美国经济评论》）上发文的学者，因此赢得了国内乃至全世界学者的尊重。因为对于很多美国学者而言，在 **AER** 上发表论文也绝非易事。以上数例说明，尽管不一定像我国古代文人那样，追求语不惊人死不休的行文效果，但是具备良好的文字功底确是做好经济学研究的一个必备基础。这也是阻碍一般学者从优秀到卓越的某种"进入壁垒"。

当然，提倡具备厚实的文字功底并非建议大家都做"标题党"，在一个微信流行和"心灵鸡汤"泛滥的时代，写论文时一味地追求"标题党"而无经济学实质内涵的做法一定不会取得成功，而且多半可能只是停留在文字经济学的水平上。否则，没有做经济学研究的基本逻辑和方法体系，好的文字也仅能流于形式而已。

二

做好经济学研究的第二个壁垒是系统的经济学训练与思维方式。也许各位《茶座》看官会提及经济学研究的计量方法和工具是一种较高的研究进入壁垒，应该说这有一定的道理，然而不是关键中的关键。这里的逻辑是，计量方法和工具是系统的经济学训练和思维方式的一种或一个组成部分而不是全部。掌握了计量方法和工具（特别是应用计量经济学）有助于系统的经济学训练的完善和精细化的经济学思维方式的形成，但反之并不成立，因为经济学的研究对象如此浩瀚，研究方法如此多元，对研究什么和如何研究并无一定的要求，这也是中国古人所谓的"文无定法"。当然，随着经济学教育的日益普及和各国教育与学术交流的愈发频繁和常态化，世界各国的经济学研究方法与范式也日趋融合，特别是反映在规范化的发文（无论中文刊物还是英文刊物）上面，系统的经济学训练与思维方式已成为学者所必备之技能与素养。我在以前的《茶座》文章中数次提及，在国际会议上，各国学者的假设前提是所有与会者都已经接受过系统的经济学训练，因此大家不再会为基本的经济学概念和计量方法争执，而会把关注的焦点放在诸如"这个选题新不新，前人是否研究过""该文的研究过程是否能够做到逻辑自洽"以及"该文有无创新性的研究结论，对当今世界人们的经济行为有无进一步的规律揭示"，或者更进一步地，"该文的研究结论是否具有一般性，能否推广到更大的时空范围"等。

2016年7月，我和数位同事（包括博士生）赴澳大利亚凯恩斯参加了由詹姆斯·库克大学主办的第28届中国留澳经济学年会，与来自世界各国的学者作了非常好的学术交流，收获颇丰。其中，大会开幕式上的主旨演讲者，来自美国斯坦福大学的 Luigi Pistaferri 教授做了题为 "Consumption Inequality"（《消费不均等》）的演讲。该文非常值得玩味，从消费与闲暇的效用方程出发，一步步地揭示了当今世界上的消费不均等，已经由简单的买多还是买少逐步演变为富裕的消费者更加倾向于购买有机食品，概括地说，更为富裕的消费者开始追求"质量效应"和"购物体验效应"，演讲者意在表达这是更高层面上的消费"不均等"。无独有偶，Pistaferri 教授所主要引用的 Broda 和 Weinstein（2008年）的那篇论文又是我曾亲自参与过研讨的一篇论文，因此感到比较熟悉和亲切。该教授在对食物消费不均等的研究基础上，打算把此研究结论推广到住房和娱乐消费方面，也就是我们所谓的"一般化"，应该说无论是研究选题还是研究方法及结论都具有较大的创新性，也引发了很多提问。例如，西澳大利亚大学商学院的吴颜瑞教授就问到了信用消费和现金消费对同样问题的不同影响，以及发展中国家和发达国家消费者行为的特点与区别等问题，当然还有经济学家都不会放过的数据及其来源问题等。

这篇论文首先很学术，上面已经有所介绍。但同时，它是属于中国社科院经济所的张晓晶老师在他的经济学散文集《哈佛散记》里所提及的经济学"像诗一样有用"（As useful as poetry）。其实不尽然，张晓晶老师的"像诗一样有用"的这个引用也暗含了经济学家的幽默和某种谦虚。如果仔细思考该文的经济学含义后不难发现，该文的研究结论对于当今世界各国特别是中国拉动内需还是有不少借鉴意义的，因为如今大部分老百姓已经过了温饱阶段，如何吸引他们消费升级已经成为一个亟待解决的大问题。如果还按照过去的传统思路，再不提供更高质量的产品和更高级形态的供给的话，不光富裕消费者留不住（往往到海外一掷千金），就算普通消费者恐怕也很难打动了。这篇论文给我们的最大启发是，除了消费的数量，消费者所购买的商品（服务）的质量以及他们所愿意分配在消费行为上的时间（也就是所谓闲暇）所带来的更完整的社会福利才是我们考察消费不平等的一个更好的分析框架，从而为人们思考如何拉动消费和经济转型升级提供可能的政策建议（尽管这不是作者的本意）。

从研究方法论的角度来看，如果我们的本意是研究如何拉动消费经济及其转型升级，很可能无从下手。但是，如果有了扎实的经济学功底，有了"功夫在诗外"的认识境界，按照上述 Pistaferri 教授的研究方法"步步为营"，反而找到了研究的解决方案。因此，在经过了系统的经济学训练和思维方式的培养后，做研究不就事论事，而是最大化地追求一般化的研究范式，很多现实问题的答案居然不找自明地就在那儿了，这真是做研究的某种悖论。

三

除了文字功底和技术性壁垒，能否做出顶尖的研究还需要研究者具备一定的家国情怀和社会责任感，毕竟经济学是一门"经世济民"之学。最近在我所供职的东南大学经济管理学院，一则我校校友马光荣同学作为共同作者即将在 AER 上发表论文的消息传遍了微信朋友圈。这位本科毕业于东南大学经济管理学院并在北大 CCER 取得博士学位的青年学者，一直孜孜以求，终于取得上述研究成果，真是可喜可贺。几年前，当马光荣还是博士生的时候，我们曾邀请他回母校做过学术交流，我当时就对他以如此年轻之年龄去研究国企下放这样的"大"话题和历史话题表示了惊讶，因为该研究对象所代表的典型化事实甚至远远超越了比马同学更大年龄的学者的体验范围。我不禁回想起马光荣同学本科阶段时，我和他的有限互动，想到他博客签名上的"为往圣继绝学，为万世开太平"的远大志向。正是在这种抱负和志向下，马同学可以下定决心去深入钻研这些历史问题。我衷心希望如果马光荣同学看到我的这篇文章的话，能够理解我选取他的求学经历与追求作为我的论证依据的真实初衷和所进行的客观描述。

改革开放近 40 年来，中国所经历的经济巨变和已取得的经济成就大家都有目共睹，描述和研究这些巨变和成就的经济学研究也愈加丰富且任重道远。在中国经济学教育越来越规范化、研究方法与工具越来越丰富的今天，能否做出为国际同行所认可乃至引领世界的中国经济学派的研究，是一个越来越不难回答的问题。简而言之，在低阶的进入壁垒已逐渐移除的条件下，下一步比的就是基于中国现实的问题导向与问题意识。费孝通先生于 1939 年出版了他的成名作《江村经济》。他在伦敦大学的老师马林诺夫斯基为此书作序时写道："它（指《江村经济》这本书）有意识地紧紧抓住现代生活最难以理解的一面，即传统文化在西方影响下的变迁。作者在科学研究中勇于抛弃一切学院式的装腔作势。他充分认识到，要正确地解决实际困难，知识是必不可少的。费博士看到了科学的价值在于真正为人类服务。对此，科学确实经受着严峻的考验。真理能够解决问题，因为真理不是别的而是人对真正的事实和力量的实事求是。"

　　之所以引用马林诺夫斯基的这段话，是想说明，在所有经济学（或者任何科学）的研究壁垒中，真正难以做到的是坚持自己的信念并以事实为依据，这既是科学研究中应具备的最基本态度和素养，又是大多数研究者一辈子都难以真正去除的进入壁垒。

（作者为东南大学经济管理学院教授）

经济学家谈生命

王 军

　　探索生命意义是一个亘古不变的话题，这个问题几乎与人类的历史一样久远。例如，远古时期人类的各种祭祀活动和图腾标记，大都与生命现象有关。就学术研究而言，对生命问题的探寻远非哲学家的专利，其他学科如自然科学和医学也扮演着重要角色。不同学科从各自角度对生命的研究，极大地加深了人类对自身命运的理解。

　　对于生命这样重大的问题，自然不会缺少经济学家的参与。虽然目前尚未出现一个独立的生命经济学学科，但经济学家对生命问题的思考和研究从未间断，这不仅是自身兴趣使然，也是经济学拓展新领域的尝试。作为读者的我们，从经济学家的研究中可以获得生命问题的新感知，同时为萦绕心头的问题——如何度过自己的一生，找到一些有用的启示。

一、生命、生活与人生攻略

　　通常，生命包括两个维度，即生命的数量和生命的质量。数量指生命的长度，如预期寿命。在联合国常年发布的"人类发展指数"中，有三个变量共同决定一国的综合发展水平，其中之一便是预期寿命，可见其重要性。

　　生命的质量一般由主观感受，即所谓幸福感决定。创立于 2000 年的《幸福研究杂志》（*The Journal of Happiness Studies*）的目的是成为"一个关于主观福祉的跨学科论坛"。如今，围绕幸福的研究相当热门，有不少经济学家参与其中，提出了许多有见地的主张。

生命数量与生命质量的最大不同是，预期寿命是一个宏观上的统计概念，相对客观、准确，适用于不同国家、地区间的比较；生命质量即幸福感，涉及主观因素较多，难以进行比较。

多年前，诺贝尔经济学奖得主阿马蒂亚·森（Amartya Sen）写过一篇《生与死的经济学》（*The Economics of Life and Death*）的文章。不用说，仅看题目就够吸引人的，不过，细读后，发现作者其实是从宏观角度谈论生死，强调由死亡率数据可以推测经济表现，进而了解经济组织的其他方面。森希望借助发展中国家死亡率这一指标，理解与"生"有关的预期寿命和健康水平等。

无独有偶，另一位诺奖得主加里·贝克尔（Gary Becker）出版过一部英文标题类似的书，这本叫《生活中的经济学》（*The Economics of Life*）的畅销书，内容包罗万象，从棒球运动说到平权法案，再到移民问题，不一而足，试图解释现实问题如何影响我们的日常生活。不过，这本谈论生活的书，却没有直面生命问题。也难怪，英文中"生活"和"生命"本就是一个词。

尽管生活和生命关系密切，二者却有着本质的不同。没有生命，便没有生活，因而，生命是生活的基础和前提。生命更为本质，而生活不过是生命的记录、表现而已。

如果说哲学家回答人为什么活着的话，那么，现代经济学的思维方式中，很多都与我们应该怎样活着有关。记得萧伯纳曾说，"经济学是一门使人生幸福的艺术"。从这个意义上看，经济学多少有些人生攻略的味道。

"攻略"的目的在于帮助人们少走弯路。人生攻略也如此，在于指出人生旅途中可能遭遇的困难，能少走弯路最好，即使不成，有些心理准备也可在麻烦降临时学会应对。

与现实世界比起来，教科书的世界要理想得多，也简化得多。这些被称为"典型化的事实"对于我们理解复杂的现实世界非常有用。

在日常生活中，人们经常会思考做什么更幸福，而在经济学中，问题转换为消费什么可以带来最大效用。因为现实中的"做什么"包罗万象，难以把握，而用"消费"代替后，问题就变得具体且可研究了。现已证明，如果消费者的偏好不变，那么，当花在每一项物品或服务上的钱带来的满足感即效用都相等时，消费者的效用就实现了最大化，此时幸福感最强，也不会有什么遗憾。

不过，现实生活中却存在大量"悔不当初"的情形。即便如此，教科书的

建议仍旧具有启发意义。比如，如果我们消费前做足功课，多掌握些信息，就能大幅降低犯错的概率，将后悔减少到最小。后悔少了，我们也就聪明了。

借用上述思路，假定我们在人生的每个阶段都能做自己满意的事情，那么，我们不仅在每个阶段都获得了最大的满足，而且整个人生也实现了最优。当然，这里隐含着苛刻的条件，即每个阶段我们都很满意。只要出现后悔的情况，就表明我们的选择出了问题，导致我们整个人生出现缺憾。实际上，由于人们对于未来信息的无法掌握，加之人们总有幼稚和认知不足的时候，要想人生没有遗憾几乎是不可能的事情。当然，在有经验人士的指导下，我们可以获得未来的洞察力，少走弯路，减少遗憾。总之，没有完美人生，只有缺憾不一样的人生。

有人说后悔只是主观偏差导致的一种缺憾，其实，还有许多影响人生幸福的因素，尤其那些非主观的、现实因素，这使得我们每个人在生命的旅程中都难免经历一些尴尬、窘迫和不如意。

中国书法大师启功先生生前喜欢吃花生，但"文革"期间花生属稀罕玩意儿，通常要到节假日才能凭票购买一些。"文革"结束后，启功先生恢复工作，生活条件得到改善，但先生打趣说：花生米是有了，可是牙没了。

生活在今天的中国人很少会为吃不到花生感到烦恼。不过，现在人们的苦恼一点也不比启功先生那个年代要少，只是表现不一罢了，本质没什么两样。例如，年轻时创业，追求事业成功，不知疲倦地工作，用健康换金钱，而到中年以后，事业小有成就，本可以过上舒坦日子，身体却每况愈下；因为健康透支过多，不得不花钱买健康。今天中国很多中老年人也面临类似情况，年轻时生不逢时，根本没机会享用什么山珍海味、大鱼大肉；而当生活条件改善后，身体机能大不如前，加之"三高"（高血压、高血糖和高血脂）的困扰而不得不舍弃。

上述种种人生遭遇，都与一个经济学概念有关，即"时间不一致性"（Time Inconsistency），又称"动态不一致性"，意思是当事人最初的选择或行为，会随着时间推移不再有效。换句话说，人们要不断决策，以更新当初的选择或行为。那种以不变应万变的策略是有问题的。正所谓，计划赶不上变化快，时过境迁，物是人非。

这看似简单的现象，其实蕴含着大道理。芬恩·基德兰德（Finn Kydland）和爱德华·普雷斯科特（Edward C. Prescott）正是因为帮助宏观经济的决策者更好地认识时间不一致性的问题，而荣膺 2004 年诺贝尔经济学奖。

时间不一致性的根源在于时间的一维性，即时间的不可逆转性。时间的一去不复返，意味着"人不能两次踏进同一条河流"。也正因如此，才凸显生命之珍贵。

继续联想下去，会发现古人提到的"及时行乐"有一定道理，而曹操的"对酒当歌，人生几何"更是令人感慨万千。许多人都知道"少壮不努力，老大徒伤悲"的说法，但很少有人注意到其他方面出现问题也会令人"老大徒伤悲"，如"人生如白驹过隙，倘不及时行乐，则老大徒伤悲也"。

上述情绪如果从作家张爱玲嘴里说出来，则是另一番景象。张曾说："出名要趁早呀，来得太晚的话，快乐也不那么痛快！"所言极是。

二、生命的价值

过去这些年，有一个专业术语在风险研究领域快速流行开来，这便是"统计生命的价值"（the Value of a Statistical Life），它是由美国经济学家维斯库西（W. Kip Viscusi）等人推广的一个概念。

假定有两份工作：一份室内收银员的工作，月薪3000元；另一份环卫工作，月薪3500元。环卫通常在公路上进行，意外死亡率为万分之一，而收银员无此风险。如果甲乙两人知晓这些信息，甲当收银员，乙做环卫，乙一旦意外死亡，该如何补偿呢？计算方法是3500 – 3000 = 500（元），再除以万分之一，得到500（万元），这一数值被称为乙的"命价"。若此时出现第三者即丙，他也做环卫，但通过讨价还价将月薪提高到4000元，则丙的"命价"为1000（万元）。现实中，不同人在面临相同风险时，对风险的看法并不一样，这导致他们的"命价"也不同。"命价"的提出为保险领域提供了一种估计生命价值的新方法。

尽管具有统计学上的含义，但"命价"只是单个生命的价值。借助一些方法，经济学家可以推测宏观意义上的生命价值。例如，哈佛大学的经济学家发现预期寿命每延长一年，会带来4%的经济增长；另一研究估计，癌症或心脏病导致的死亡率只要下降一个百分点，就价值5000亿美元。这些研究从不同角度对生命价值进行测算，无论是预期寿命还是死亡率，其背后都蕴藏着巨大的经济价值。

依多数经济学家的理解，无论是预期寿命，还是健康方面的问题，实际上都

与经济增长有关。因为一个简单逻辑是，增长造成了环境污染，而这损害健康，影响寿命。为理解这种关系，我们可以借鉴斯坦福大学经济学教授查尔斯·琼斯（Charles I. Jones）的《生命和增长》（*Life and Growth*）一文来加以说明。

这篇 40 页的论文发表在 2016 年 4 月的《政治经济学杂志》（*The Journal of Political Economy*）上。文章开篇即提到现代技术的两面性：一些技术拯救生命，如新疫苗、新型外科手术以及更安全的高速公路等；另一些技术却威胁生命，如污染、核事故、全球变暖以及生物工程病毒等。

传统的增长理论在面对技术问题时，通常只考虑它对消费的影响。譬如，任何一项新技术只要能够市场化，就能增加社会消费，促进经济增长。如果经济学家不再关注消费，而是研究技术对生命和死亡的影响，那无疑会动摇现有的增长理论。

为更有说服力，琼斯以"俄罗斯轮盘赌"为例来说明。在现代社会，与新技术相关的绝大多数想法都是有益的，但有些想法是危险的，可能摧毁生命，尽管这样的机会很小，却是"俄罗斯轮盘赌"的逻辑。实际上，现代科技创新、发明以及经济增长正是在这样的逻辑下螺旋式发展的。问题是，是否存在这样一种情况，即社会最终意识到消费水平已足够高，因而决定不再玩这种"赌博"游戏了呢？

将生命因素纳入经济增长模型，会改变我们对增长的许多认识。生命的价值体现在对安全的关注上，而安全与消费之间存在一种替代关系，关注安全会抑制消费冲动。当生命价值与消费相比无足轻重时，安全方面的考虑就不再重要；而当生命价值的上升高于消费时，社会就会更加重视安全，而不是消费。结果，消费增长的最优路径比可以实现的路径要低许多，在某些情况下，会趋向于零。这里，偏好安全还是消费问题的关键。

琼斯的文章自始至终都贯穿一个关键词，即"生命的价值"。尽管有些哲学意味，这却是近年经济学家热衷研究的问题。通常，生命的价值是由一国经济发展水平决定的。由于生命价值提高的速度大约是收入上涨的两倍，于是，越是富裕的国家，人命也就越值钱。

在这篇文章的结束语部分，有些表述令人印象深刻，如安全被说成是一种奢侈品。这不仅因为安全是生命的保障，还因为追求安全意味着放弃那种盲目追求 GDP 的增长方式。要知道，当今的技术手段比以往任何时候的都更强大，稍有不慎，就会对生命造成巨大威胁（如核泄漏），因而安全来之不易，非常珍贵。

长期以来，经济学家在研究增长问题时，一般只考虑劳动和资本，虽然后来加入了技术进步和人力资本等因素，但关注的焦点仍旧是消费领域的问题。琼斯的文章，将生命的价值纳入进来，突破了以往的思维范式，因而颇有创新性。对于中国这样一个寻求增长模式转换的国家，具有特别的启示意义。

值得一提的是，琼斯的文章最初以"经济增长的代价"为题，这让人想到了另一位经济学家以斯拉·米香（Ezra J. Mishan）于 1967 年的同名作。在那部著作中，米香历数了工业革命造成的种种负面后果，如环境污染、资源损耗和城市拥堵等，对现代社会的增长模式提出了强烈批评。此书被公认为后来席卷全球的绿色运动的启蒙之作，而米香本人也成为"去增长"（degrowth）学术思潮的急先锋，其著名论断包括经济持续增长的前提是持续的不满等。

与米香对现代工业文明持有的激进态度相比，琼斯的立场要中和许多。一方面，不要命的增长绝不可取；另一方面，生命和增长并非零和游戏，二者应可兼得，而这需要智慧。

最后需要强调的是，任何增长，都应回到对生命本身的关怀上。确保生命安全的增长正是我们需要的模式，不仅因为它比任何其他拐弯抹角的提法都更强调生命的价值和意义，更在于它提供了一种长期、连贯和站得住脚的增长理念。

三、结束语

我们介绍了经济学家对于生命问题的一些看法。虽然经济学家对于生命的思考和探索有些零星和松散，却极富启发性。

展望未来，随着生活水准的提高，生命的价值会更加凸显，无论从经济学理论创新的角度出发，还是就现实中的政策实施而论，围绕生命问题展开的研究与实践都是最有价值的。毕竟，生命高于一切。

（作者为天则经济研究所客座研究员、教授）

科幻的经济学与中国经济之梦（五）

宋胜洲

一、如果数字货币成为现实

以比特币为代表的互联网数字货币对传统法定货币的影响和冲击越来越大，各国央行已经认识到在现代金融和科技发展的过程中，数字货币是必然趋势。与其被动卷入，还不如主动提前应对。近年来，加拿大央行的研究人员发表了多篇工作论文，探讨中央银行发行数字货币对社会福利等方面的影响。英格兰银行也于2016年发表工作论文《中央银行发行数字货币的宏观经济学》，从理论上探讨了中央银行发行数字货币对宏观经济可能带来的影响。厄瓜多尔更是尝试由中央银行发行数字货币——厄瓜多尔币。中国人民银行早在几年前就成立了数字货币研究项目组，并于2016年1月召开了中国人民银行数字货币研讨会，宣布对数字货币研究取得阶段性成果，并于2016年10月正在尝试发现数字货币，可能成为全球第一个发行数字货币和实际应用数字货币的中央银行。

各国金融企业研究和推进数字货币的热情也非常高。2016年8月，全球著名的四家银行已经开始合作研发一种新形式数字货币。率先研发出"多功能结算币"（utility settlement coin）的瑞银（UBS），已联手德意志银行（Deutsche Bank）、桑坦德银行（Santander）、纽约梅隆银行（BNY Mellon），以及经纪公司毅联汇业（ICAP）一道向各国央行推介这一理念，他们相信这种数字货币将成为利用区块链（blockchain）清算和结算金融交易的行业标准，争取在2018年年初将其投入商用。2017年1月底，平安集团、微众银行、民生银行、招商银行、大成基金等40多家知名金融机构共同筹建了首个中国（深圳）Fintech数字货币联盟及中国

（深圳）Fintech 研究院，深圳也将有望成为国内首个数字货币运营的试点城市。

如此看来，数字货币将成为互联网技术创业公司、传统金融企业乃至各国央行抢占未来世界货币制高点的一场世界大战，既是一场货币战争，也是一场技术战争，是融合现代信息技术和现代金融发展的一场综合实力的较量。在这里我们暂且不论谁将赢得这场战争，而是设想这场战争最终可能的结果以及未来货币世界将会是一种怎样的景象。

首先，我们将来到一个便利的无现金社会。对于个人而言，走到任何地方，不管是购物还是接受服务，都不需要现金支付。或者是支付宝和微信钱包等移动设备的支付，或者是银行卡、公交卡、校园卡等传统的刷卡支付，或者还可能是身份证、社保卡等身份信息的支付方式，或者是根本不需要任何实物凭证，仅凭密码、指纹、声纹或者刷脸等个人特征符号就可以支付。如此，钱包作为现在每个人出门都要记得带的物件将不再需要，也不再会有丢钱包、捡钱包、偷钱包、抢钱包等有关钱包的故事了。对于货币发行机构和金融企业而言，将大大减少印钞、运钞、押钞、存钞、存取款机器和人工成本，这是政府和金融企业推进数字货币的动力之一。

其次，我们将来到一个完全的金融信息社会。支付便利只是数字货币最为基本的一个特征，更为重要的是它便于个人、企业、金融机构和政府机构记录、传送、储存和统计各种金融信息，降低全社会的会计记账成本。每个人和每个企业的收入、支出、资产、负债、货币流动等金融信息将十分完整，形成这个社会的金融大数据，不仅便于了解整个金融和经济的运行状况，而且可以大大减少贿赂、洗钱、诈骗、偷税漏税等非法活动。这也是各国政府推进数字货币的又一动力。

再次，我们将来到一个更加安全的金融社会。真正的数字货币和我们现在使用的传统货币的电子化是不同的。现在我们银行账户中的货币，只是一个记账单位，比如你有 200 元在账上，这 100 元和另外 100 元两者完全是一样的。而真正的数字货币，每一个货币单位都有唯一编码，就像我们现在每张现金钞票 100 元都有一个可以追踪的唯一编码。这 100 元和另外 100 元，面值和支付功能是一样的，但编码是不一样的。编码的好处就是可以追踪，每一单位的货币从哪里来的，到了哪里去，都能够一一追踪。所以，数字货币的账户更加安全。技术高手可以把你的钱转走，也能够查到转到哪里去了，可以追回来；即使一时糊涂上了

骗子的当把钱转给了骗子，骗子取不出来钱只能通过分散转账到其他各个账户，但这也都能一一找回来。就像现在的汽车发动机和车架号的唯一编码，记录在你的汽车行驶本上，就成了一种记名财产，别人偷了抢了上不了牌照，除非把汽车肢解卖零件。就像房子记在你的名下，别人偷不走抢不走也骗不走。所以，数字货币的账户可能不需要密码支付，因为编了码的数字货币实际上是一种记名的货币，是一种更加安全的货币，根本不用担心被抢、被偷和被骗。社会的贪污、贿赂、偷盗、诈骗、贩毒等经济犯罪大大减少，坏人只能对人和物下手，而不用担心对钱下手，所以我们的生活会更加安全。这才是数字货币最大的优点。

然后，政府的金融监管和货币政策操作更加有效。因为数字货币便于追踪货币流向和获取金融信息，金融监管将更加便利，可以大大减少洗钱、诈骗等金融犯罪。由于货币可追溯，多少是基础货币投放，多少是派生货币，多少是原始存款，多少是派生存款，货币乘数有多大，货币流通速度快慢都非常清晰，货币投放数量和货币政策操作非常精准。而且对于货币的国际化也非常有利，多少货币流出、流出到哪些国家都非常清晰。

最后，全世界货币更加易于统一。如果全世界各个国家都实行了数字货币，多少外汇流入，从哪里流入等信息也很清晰，利于外汇监管。国家之间的货币结算也非常便利，外汇管理和汇率调节也更为有效，国际金融市场的货币流动和监管也易于掌握，国际交易更为顺畅，有利于形成一个统一的全球金融市场。由于技术壁垒的打破，国家间货币流入流出更为便利，可能政府都无法阻止，导致各国之间的货币竞争加剧，劣势货币逐渐淘汰，优势货币将被更多国家接受和使用，最终可能形成全球统一货币。所以，各个国家都竞相开发和发行本国的数字货币，形成竞争优势，有利形成货币优势，从而在国际货币体系占据优势。

二、现代"计划经济"真的来了

随着电子商务的发展，交易数据的逐渐积累和分析、整理、挖掘，企业尤其是交易平台企业对消费者的消费习惯和喜好的了解越来越充分，形成了庞大的消费数据。如果各个企业对消费数据掌握得足够多，也就是信息越来越充分，再加上现代智能制造技术，是否就可以预先生产出刚好满足消费者喜好的产品质量和数量，而且是以准确的时间的和地点送到消费者面前呢？就像我们一直憧憬的共产主义经济一样，你想要的都能得到满足。

我们可以这样设想未来的生活：早上醒来，洗漱完毕后，快递小哥正好敲门把你想要的早餐送来了，这是早餐公司根据你早餐消费历史数据分析出你今天想要的早餐和用餐时间而为你精确准备的。或者你自己想做早餐需要的面包、牛奶、鸡蛋之类食材也是准确及时送到。用完早餐下楼准备上班，刚好你想要的自动驾驶汽车出现在面前，这是出租车公司根据你的用车数据分析出你每天上下班的需求而为你准备的。孩子也被数据完备的学校或幼儿园准时接走。中午的午餐也是一样准确地被送到你的办公室；或者你要和同事一起出去小聚，也是为你事先准备好了可口的饭菜。下班回家的汽车也准时来到你的面前载你回家。回到家门口，孩子刚好也被送到了家。你打算做饭的柴米油盐酱醋茶，各家公司为你事先准备好了，也刚好送到你家门口。就是你今天不想做饭，餐饮公司也为你想到了，不是准备好了热饭热菜送来，就是送来一个上门服务的大厨师给你现做。用完晚饭后，你想喝点小酒、做个按摩都有不同的企业为你准时提供服务。周末你想出去游玩也有公司替你做好了准备。只要你的消费习惯形成了，你的衣食住行、吃喝玩乐样样都有公司为你准备妥当。所有的消费你都不用操心，自有企业为你操心准备好，而且一切正是你所想要的。这将是怎样美好的生活啊！

这一美好的经济图景正是马克思设想的共产主义经济。不过当年马克思设想的是通过国家来实现，现在是企业通过互联网技术来实现而已，就像人们描述的"计算机共产主义"。我们姑且称之为基于企业的微观计划经济，与马克思的基于国家的宏观经济在本质上是不一样的。各家企业根据其收集分析的消费数据，预先为消费者准备的产品和服务的品种、数量、时间和地点都是非常准确的。不会多也不会少。每天挤出来的牛奶刚好喝完、每天做好的饭菜刚好吃完、衣服鞋子的尺码和数量也是刚好卖完，各种服务也是你招之即来挥之即去。企业也没有不好做的生意，因为有没有市场需求早已经准确预测。如此看来，局部市场还是全局市场的供求总是大致相等的，不至于出现供过于求，也不至于出现供不应求。价格也总是稳定的，市场的价格机制调节供求的作用逐渐消失，资源配置总是刚好合适的，不再出现资源错配导致资源浪费。

但是，这种美好的企业计划经济是不是就天衣无缝了呢？第一，这一场景的实现必须以消费者的喜好稳定为前提。如果消费者生活不是规律的，其情绪和喜好总是阴晴不定变幻莫测，企业不可能总是那么精准地满足消费者变化的需求，

至少局部市场可能出现供求不均衡，依然可能出现局部的资源配置不当和供求不平衡的现象。当然，这种可能性会随着数据的完备而逐渐降低但很难完全消除。第二，消费者喜好的不规律变化可能相互抵消，最终体现为大数定律作用，可能使得整体市场还是基本平衡的。但是，也有可能出现消费者偏好变化的羊群效应的共振作用，使得需求和供给出现偏离太大而无法自行调整，导致经济波动和资源错配。就像金融市场的数据现在已经足够充分，但人们行为的不确定性还是导致不断地出现市场的大幅度波动。所以，基于企业的微观计划经济也不可能完全消除系统性的内生经济波动，依然具有市场经济的内在特征。第三，即使消费者喜好基本稳定，但受到外来因素的干扰和冲击可能产生一致性的策略变化，也必然使得市场供求偏离而无法自行调整，最终也还是可能会导致经济周期性的波动而难以短期调整。这一点也可以从现阶段的金融市场外部影响导致的大幅波动的例子进行参照。所以，基于企业的微观计划经济也不可能完全消除外来冲击导致的经济波动。第四，不管是内生的经济波动，还是外来的经济波动，这种基于企业的微观计划经济的调整机制，和市场调整一样受生产规模调整的速度和成本的影响，需要较长时间才能逐步恢复平衡，这一过程可能同样要付出资源重配的成本和足够长的时间，可能也同样需要政府的宏观经济政策的辅助作用。所以这种基于企业的微观计划经济本质上是市场经济的模拟而不是替代，当然这种事先的模拟还是可以很大程度上降低市场试错的成本和负面作用。第五，更重要的是，喜好一成不变的刻板生活是多么无趣啊！人们总是想追求新的产品和新的生活方式，这一点消费历史数据可能起不了多大的作用，还需要企业通过产品试销和市场试错来看消费者是否接受和喜欢。这正是企业家发现新市场机会的关键之处，所以基于消费大数据的微观计划经济代替不了企业家的市场发现作用。

综上所述，这种基于企业的微观计划经济并不是对市场经济的替代，而是对市场经济的完善，就像政府对市场不是替代而是补充一样。所以，未来的微观计划经济依然是市场经济而不是真正的传统计划经济。

（作者为北方工业大学经济管理学院副教授）

CPI 数据为什么有时和人们的感觉不一致？

赵世勇　宋文博

从货币说起

宋文博（以下简称宋）：2017 年 1 月，国家统计局公布：2016 年全年 CPI 同比上涨 2.0%，这跟很多人的感受并不一致，人们感觉到物价的涨幅远远不止 2.0%。你认为国家统计局公布的 CPI 数据可信吗？

赵世勇（以下简称赵）：要探究这个问题，我们需要从货币说起。货币最原始、最重要的功能是协助交易。货币的出现，大大降低了社会的交易费用，从而促进了分工的深化和生产的发展，进而促进了消费的多样化，提高了社会的福利。一个没有货币协助交易的社会，是很难想象的。此外，现实经济中商品和服务的价格都是用货币来计量的，用货币计量的价格在市场经济中起到传递稀缺信息的重要作用。因此，在现代社会，没有货币是不可想象的。

宋：货币的历史应该是很久远了，既然货币是用来便利交易的，那么货币的出现应该是伴随市场交易而来的。

赵：是的，有历史学家考证，货币的历史超过了国家的历史，货币是先于国家而出现的。在现代社会，提起货币，人们自然想到的就是纸币，更早一点，想到金银。实际上，在货币的悠久发展史上，可以说有无数的东西充当过货币。马克思说，"货币天然是金银"，这似乎也不准确。在古代的中国，至少贝壳是曾经充当过货币的，你看汉字中很多跟钱财有关的都有"贝"字旁，比如财、货、赏、赐、贵、贱，等等。根据南怀瑾的讲述，古代以贝壳作为货币的时候，在外面交朋友需要钱，将两串贝挂在身上，就代表了朋友的"朋"字。后世用帛又

发展到用黄金，如汉朝皇帝的赏赐，动辄黄金五十镒，现代看来很多，不过，有人考据说，汉代用的黄金，大部分为自然铜。例如唐朝法律有"赎铜"的规定，在某种条件下，死刑可以拿120斤铜来赎罪，显见汉唐之时所谓"金"乃指铜而言。南北朝以后，货币也有用绢（布匹）的，皇帝赏赐大臣，常是"赐绢若干匹"的。至于钞票则是自宋代开始，到元朝已流行了。宋元之间还流行使用一种类似支票性质的东西，叫作"飞钱"。

宋：还有哪些东西充当过货币呢？

赵：世界范围内，盐、丝绸、兽皮、晒干的鱼以及羽毛都曾经充当过货币。英文中，"pecuniary"这个单词意思是"货币的"，这个词来自拉丁文"pecus"，意思是"cattle"（牛），牛就是形形色色的充当过货币的物品之一。在太平洋的雅浦群岛（Yap Islands），居民曾用石头作为货币。在纸币出现之前的金属货币时代，金、银、铜、铁、锡都曾充当过货币。贝壳不仅在古代中国，在世界范围内都曾被作为货币使用过。据记载，美洲大陆早期的殖民者与当地印第安人进行交换，使用的货币名字叫"wampum"，就是一种贝壳。此外，贝壳在非洲和亚洲都曾经充当过货币的角色。

宋：我读弗里德曼的《自由选择》，里面记载在北美大陆烟叶也曾充当过货币，这个真是有些匪夷所思。

赵：你说的是北美大陆早期殖民的故事。是有些匪夷所思，当时在弗吉尼亚、马里兰和北卡罗来纳地区广泛流行的货币竟然是烟叶。实际上在这些殖民者到来之前，烟叶已经是当地的货币了。烟叶作为货币在弗吉尼亚及其附近的殖民地维持了近200年，一直持续到美国革命。美洲殖民者用烟叶购买食品、衣服，缴纳税收等等。开始的时候，烟叶相对于英国货币的价格较高（类似于今天的实际汇率），高于种植烟叶的成本。毫不奇怪，人们争相种植烟叶，并努力提高烟叶的生产效率，于是烟叶（货币）的供给越来越多。正如今天人们能够看到的一样，当货币供给的增长速度超过了经济中所能生产的、可供购买的商品和服务的增长速度时，就会出现通货膨胀。因此，随着烟叶的增加，市场上用烟叶表示的商品和服务的价格急剧增长；在半个世纪内，用烟叶表示的价格水平增长了40倍。因此，通货膨胀跟哪种货币形态并没有直接的关系，不管用什么东西作为货币，只要其供给增长速度超过了经济中实物形态的商品和服务的增长速度时，就会出现通货膨胀。唯一不同的是，实物货币受技术的限制，其增长速度远远不及纸币时代的印钞机。

宋：种植烟叶虽然不如印钞机快，但是北美大陆有土地啊，烟叶种植也可以增长很快。

赵：是啊。随着烟叶越来越多，烟叶作为货币急剧贬值，那么烟叶种植者自然很不高兴，这意味着烟叶的购买力下降，同时也意味着烟叶对其他商品的控制力也大大下降。价格永远是相对的，用货币表示的商品的价格，反过来就是用商品表示的货币的价格。前者上升，后者就下降。面对烟叶急剧贬值的状况，烟叶种植者很自然地寻求政府的帮助。于是政府出台了一个又一个的法律，禁止某些社会阶层的人种植烟叶、毁掉部分烟田、休种一年等等，不一而足。但是，这些法律都没有多大效果；显然，谁也不愿意做出牺牲。

宋：毕竟，那不是普通的烟叶，那是万能的钱啊！

赵：所以最后有些人就联合起来，成立武装，到烟田去破坏人家的烟叶。

宋：这也太过分了！

赵：所以，1684 年 4 月份，议会通过法律，把这些毁坏烟叶的行为定性为"颠覆政府"，并且规定，如有 8 个或者超过 8 个人出去毁坏烟叶的，将以叛国罪论处（死刑）。

宋：看来，自古以来，总有人为了钱铤而走险。钱啊，你这杀人不见血的刀！

赵：哈哈，错的不是钱，是人的贪心。烟叶货币也生动地展示了经济学中最古老的定律之一：格雷欣法则（Gresham's Law），也就是"劣币驱逐良币"的法则。格雷欣法则说的是，当单位相同，但内在价值不同的两种（或两种以上）的货币在流通时，其中价值大的就会被贮藏或输出而从流通中消失，内在价值低的货币将变成主要的流通手段，劣币把良币驱逐出流通领域。当烟叶作为货币流通的时候，人们用质量低劣的烟叶缴纳税收以及其他日常消费，把质量上好的烟叶出口，换取"硬"通货，也就是英镑。结果是，只有质量低劣的烟叶作为货币在市场上流通；可以想象，为了让烟叶看起来是质量上好的，人们也是想方设法，甚至无所不用其极。最后，马里兰和弗吉尼亚分别在 17 世纪末和 18 世纪初立法，禁止弄虚作假，但是收效甚微。

宋：经济规律一旦发挥作用，靠强制力往往事倍功半。跟人性作对，必定以失败而告终。

赵：到了 20 世纪中叶，第二次世界大战期间，在德国和意大利的战俘营里，烟叶的下游产品香烟成了广受欢迎的交易媒介。在英国战俘区，茶叶比咖啡更受欢迎；而在法国战俘区，咖啡比茶叶更受欢迎。"二战"时经济学家雷德福（Radford）在德国和意大利做过战俘，他发现，集中营里有很活跃的市场活动。香烟通常用作计价单位，其他物品的价格都用香烟来标识。一件衬衣可能价值 80 支香烟，一件衣服的洗涤服务价值两支香烟，等等。"二战"结束之后，德国被英、法、美盟军控制，盟军实行了严格的价格管制，严格限制商品价格的上涨，使得人们用合法的货币根本无法购买到需要的商品。于是，香烟再次作为交易媒介被德国居民广泛应用，从而使得合法的货币毫无用途。人们用香烟作为小额交易的媒介，用白兰地酒作为大额交易的媒介。这相当于进入了以物易物的原始时代，对经济效率的杀伤力无疑是巨大的。

货币的规律

宋：现代社会已经走过了用实物充当货币的时代，进入了纸币时代，那实物货币的经济规律在纸币时代是否依然适用？

赵：这是个好问题。现代社会的确已经走过了实物充当货币的阶段，世界各国实行的都是法定货币，也就是纸币。法定货币本身没有内在价值，靠政府信用推行。但是，上述美国历史上烟叶的例子其实已经揭示了货币的一些基本原理和规律。

宋：哪些规律呢？

赵：总结一下的话，我们可以看到：其一，不管是何种形态的货币，只要是货币的增长速度超过了经济中商品和服务的供给速度，就会出现通货膨胀。在这一点上，实物货币和纸币本质上没有区别。但是，实物货币受到其本身的生产技术（比如烟叶）、资源储藏和勘探（比如金属）的限制，其增长速度一般要远远低于纸币；纸币通过印钞机生产，面额可以随意定，因此，原则上，增长速度可以任意大。因此，纸币时代更容易出现恶性通货膨胀。

宋：打断一下，纸币和实物货币相比，有什么不同的规律吗？

赵：这就讲到第二点。纸币摆脱了格雷欣法则的困扰。纸币因为本身不具有使用价值，它的交换价值完全由面额决定，不受新旧的影响；也就是说，纸币完全等价于一个符号。因此，跟实物货币不同，纸币不存在质量上的区别，这是纸币相对于实物货币的一大优势。当然，纸币相对于实物货币还有其他的优势，比如易于携带等。如果实物充当货币，政府很难控制，除了上述烟叶的例子，中世纪的欧洲，黄金和白银是主导的货币。可是，随着墨西哥和南美洲的贵金属通过西班牙涌入欧洲，用黄金和白银计量的商品价格随即飞涨。到了19世纪中期，黄金再次贬值，物价在世界范围内飞涨，原因是澳大利亚和美国加利福尼亚发现了金矿。再到后来，从19世纪90年代到1914年，由于从贫矿中提取黄金的技术得到了商业化的应用（特别是在南非），黄金的供给再次飞涨。因此，在实物货币时代，即便是政府想控制货币的发行来避免通货膨胀，也是非常困难的。纸币时代则不同，纸币不仅是一个交易符号，还是一个国家主权的象征，外国货币在本国是不允许流通的，因此，货币权就完全掌握在本国政府手中了。也就是说，在纸币时代，通货膨胀完全是政府的责任，通货膨胀的发源地就是印钞车间。

如何度量物价水平？

宋：现实中如何度量物价水平的变动呢？

赵：在现代统计体系中，一般会用CPI（居民消费价格指数：consumer price index）这个指标表示通胀。CPI是一个物价指数，计算某一年的CPI，需要选定一"篮子"的商品和服务，并选定一个基准年。因为"篮子"内的商品和服务的种类、数量和质量是固定的，那么不同年份购买这个"篮子"的支出的差异，就完全是由价格变化导致的了。这个"篮子"内的商品和服务主要包括与人们的日常生活息息相关的衣、食、住、行、医等消费品和服务。

宋：也就是说，"篮子"内的商品和服务是有限的，不可能包含经济中的全部商品和服务。

赵：是的，全部包括是不现实的，统计的成本太高。实际上，我们可以把商品和服务分为两大类：一类是消费品，一类是资产。CPI也只不过是大概反映消费品的价格变化情况，而根本没有反映资产的价格变化。比如，房子本身就没有放在CPI的"篮子"里，但是租房包含在里面。因为在宏观经济学上，买房子属于投资，租房子算作消费。

宋：CPI 是如何统计出来的？

赵：第一手信息来自于国家统计局各调查队的采价员。他们手持带有 GPS 定位功能的电子采价器，记录的每一笔价格、采价的每一个地点会如同发短信一样上报，这些数据经过审核后将上报国家统计局。这样的采价员共有 4000 多位，分布在全国 31 个省、区、市的约 500 个市（县），从 6.3 万个采价点中收集构成 CPI 的八大类、262 个基本分类的成千上万种商品和服务价格。

宋：一笔笔不同走向的原始价格数据收集上来后，如何形成 CPI 数据呢？

赵：CPI 汇总计算采用了国际通用的链式拉氏公式计算。在对原始数据进行审核后，根据这些数据计算单个商品或服务项目，以及 262 个基本分类的价格指数，然后根据各类别相应的权重，再计算 CPI 八大类价格指数和总指数。而全国 CPI 的权重，是根据对全国 14 万户城乡居民家庭消费支出的抽样调查资料确定的，有时候会根据居民消费的新变化进行新的例行调整。

宋：那么 CPI 和通货膨胀之间是什么关系？

赵：CPI 是一个价格指数，通胀率是 CPI 的变化率。比如去年的 CPI 指数是 100，今年的指数是 105，那么今年的通胀率是 5%。也就是说，去年花 100 元钱买到的东西，今年需要花 105 元。通常所公布的 CPI 指数其实就是今年指数比去年指数的（同比）增长率，也就是通胀率。

CPI 数据可信吗？

宋：还有一个问题：官方统计的通胀数据，可信吗？有很多人怀疑这个数据，认为是低估了。

赵：这也是个有争议的问题。比如，安信证券首席经济学家高善文在接受网易财经《意见中国》采访时说，中国国家统计局公布的通货膨胀数据在趋势上应该是可信的，但在绝对水平上可能存在低估。老布什总统的首席经济顾问 Michael Boskin 则认为，因为产品质量提升这个因素无法固定，所以官方公布的 CPI 涨幅高估了真实的物价上涨。香港大学的张五常就认为，20 世纪 90 年代后期中国可能是严重的通缩，而不是官方公布的微弱的通缩，原因是中国的产品质量急升。另外，当你看到官方公布的通胀数据跟你的感觉不一致的时候，未必就说明官方数据是假的，因为这存在一个样本选取的问题。如果你消费的物品跟样本相一致时，你可能感觉物价上涨幅度跟 CPI 差不多。如果你消费的物品跟样本相差较大时，那么你可能感觉差异较大。我想，信不信是你个人的事，在你没有客观的证据之前，官方公布的通胀数据至少是一个参考。而且除了官方的国家统计局，还有一些学术机构也会公布它们自己测算的 CPI 指数，这些都可以作为参考。

宋： 人们一般会觉得物价的涨幅远远高于官方公布的 CPI 上涨率。

赵： CPI 数据有时候和百姓的感受不一样，还有其他的原因。一是个体与总体的差异。每家每户消费品的"篮子"不一样，"篮子"里的东西涨得多感觉就涨得多。比如超市商品琳琅满目，但每个人买的东西是有限的，最大的感受是放在手推车里面的商品的价格，个人的感觉总还是微观的。二是地区间的差别，生活水平不同，对价格变动的感受不一样。即便是生活在同一个城市，大型高档超市和农贸市场的价格差别非常大。三是消费者对价格上涨较快的商品印象往往比较深刻，而对价格变化不大甚至略有跌价的商品容易忽略。相对于消费者的主观感受，统计局的标准要客观得多。

（作者赵世勇为澳门科技大学商学院副教授；宋文博为澳门科技大学商学院本科生）

农村酒席"老虎"为何越养越大？

付明卫

李张氏的烦恼

正月初五，李张氏就离开了湘西北的农村老家，和儿子一家去广东了。虽然割舍不下80多岁的老母亲，但她还是走了。然而，她年前腊月二十七从广东回到老家时，是计划过了正月十五再去广东的。她常年在广东接送孙子读书，很想在老家多陪陪老母亲。老母亲的冠心病很多年了，说不准哪天就会走。

促使李张氏改变计划的是，她腊月二十八收到五份酒席请柬：两份在正月初四，三份在初六。初四的，一家是给其家父过63岁生日，一家是乔迁新禧。初四的两家，原来都参加过李张氏儿子的婚宴，所以李张氏欠他们的"人情"，于是李张氏初四给两家各送了100元的"人情"。她初五走之前，委托还在家的妹妹给初六的一家送100元的"人情"，因为她欠那家的"人情"；另外两家就不管了，因为不欠他们的"人情"。今后碰到这两家的人，她打个招呼，笑一笑，说句"提前走了，没赶上"就过关了。这是当地的潜规则，"大家都懂的！"

像这样被酒席弄得叫苦连天的，绝对不止李张氏和笔者所在的T村。笔者在全国各地尤其是南方各省份的朋友们，春节期间回农村老家后，都说老家也深受酒席"老虎"之害。酒席"老虎"是如何养大的？T村的经历能让我们"窥一斑而知全豹"。

酒席的本来面貌

20世纪90年代中后期，东家设宴是"赔本买卖、赚个吆喝"，宾客却有物质上的收获。那时，农家在子女嫁娶、小孩满月、新居落成、老人过世时才会大宴四方宾客。少数家庭会在小孩满周岁和父母满 60 岁或 80 岁时摆酒，但通常只宴请关系密切的亲朋，不敢劳烦其他人。因此，农家自结婚成家后，一辈子要操办的酒席就那么几次，"你来我往"参加别家酒席的次数也可以预期，一年下来一般三四次。宴请日期，除了小孩满月、老人过世、小孩周岁、父母大寿，其他名目的酒席都是挑选的良辰吉日。由于不同人的生辰八字不一样，东家挑选的良辰吉日、参加酒席的日子，不会扎堆在一年的某个时段。宾客赴宴送的礼物，也会因事而异。普通宾客除了三五十斤稻谷这种必送品外，娶妻嫁女会添送布匹，小孩满月会添送婴儿衣裳，新居落成会添送小件家具，等等。叔姑姨舅等贵宾会因事而异，送大件。但无论是普通宾客还是贵宾，都极少有送现金的，毕竟农家粮食多、货币少，送不起现金的占大多数。极少数城里来的亲朋，上礼用了现金，自己和东家都显得十分"有面子"。仅有一个例外：孩子考上大学摆的"升学酒"，主要是为了筹集学费，故宾客只准送现金，东家也只备一顿饭。

东家会为每家来宾回赠一包当地流行的硬盒白沙香烟（价格四五元）和一小包零食（总价值不过七八元），架流水席，每桌至少 8 个菜，供早晚两顿大餐。普通人家一般有五六十户来宾，每户一般来三口人吃酒席，上桌吃饭的按低算约 150 人。举办酒席的烟酒、食材都要购买，需要东家一笔不小的开支，筹划酒席费心费力，而收的几百斤稻谷不值几个钱，各种添头儿又品质堪忧。因此，农户摆酒席费钱费力，得到的就是个精神愉悦。由于一辈子也就摆那么几次酒席，其破费操劳也可以接受。然而，赴宴对于普通宾客却是划算的：送礼的四十斤稻谷约 40 元、添头儿约 30 元，合计 70 元；仅三口人去东家吃两顿大餐就吃回来了。再说，一年间或性地吃三四次大餐，品尝下自家平时舍不得吃的新菜肴，改善伙食，滋润肠胃，何乐而不为？

酒席"老虎"长成记

然而，进入 21 世纪后，酒席完全乱了套，弄得农家怨声载道。相对 20 世纪末，酒席习俗发生了如下几个明显变化：

首先发生变化的是赴宴礼品。貌似突然有一天，所有村民都觉得送实物礼品"没面子"了，好像都没有一个缓慢演变的过程。礼物变礼金，影响颇大。送稻谷，按容器登记在"人情簿"上：贵客挑担子来的，是几担就记作几担；普通宾客一般是背背笼的，无论是满背、半背还是四分之一背，都记作一斗。由于礼物都是由帮工登记的，东家根本不知道一斗到底是多少，所以今后"还人情"时也"一担还一担，一斗还一斗"，不会落下小气抠门的坏名声。农村是熟人社会，坏了名声，会相伴终身，是一定要避免的。但是，礼物变礼金后，登记得清清楚楚，这次人家给你送50元，你下次就得给别人还60元或80元，不加点就会落下小气抠门的名声。如此往复，礼金愈来愈贵，"老虎"雏形初现。据笔者记忆，2000—2005年间还有送10元、20元的，目前最少都是送40元、50元的。礼金上涨了，东家回赠的香烟也变成了七八元一包的硬盒精白沙，菜肴品质也大幅提高。

此外，礼物变礼金后，东家就可以精算每次酒席的成本收入。普通人家，50份回赠礼合计400元。每桌10人，150人一顿需16桌，两顿共32桌。乡亲们义务帮工把食材做熟，故一桌成本仅计算食材和燃料，约200元。32桌合计6400元。因此，举办一次酒席的货币支出为6800元。礼金收入，关系最好的叔姑姨舅按5户计，每户送2000元，合计10000元；关系次之的亲朋按5户计，每户送1000元，合计5000元；"出手大方"的普通宾客20户，每户100元，合计2000元；"小气"的普通宾客20户，每户50元，合计1000元。因此，举办一次酒席的货币收入为18000元。待得宾客散去，东家收支相减，借得11200元现金。此处之所以用借钱的"借"，而不用赚钱的"赚"，是因为连这11200元在内的18000元，东家今后都得断断续续地通过"还人情"的方式，带着添头儿还回去的。遗憾的是，东家借得这11200元，付出的货币成本就高达6800元。

其次，设宴的名目增加了，从而设宴和赴宴的次数增加了。笔者知道的新增名目有：父母过非整数的生日，满60岁后的任何岁数都可以摆；新房盖好一层摆一次酒，装修好后再摆一次酒；原来考上专科、高职院校都没脸摆酒，现在都摆，拿了通知书但最终没去读的都摆。据央视报道，湖北恩施连母猪下崽也要摆酒！如今，常年在家的农户，一年赴宴十多次已是家常便饭。

最后，摆酒的日期集中了。一年赴宴十多次，如果隔段时间一次，也是美美的"打牙祭"。但现实的情况是，十多次宴席大都集中在腊月二十四至来年正月初十这半个月里。于是，很多家庭一天要赴宴几次。笔者邻居一天之内就赴宴四家，夫妇俩和15岁的儿子兵分三路才"完成任务"。如此这般，根本就没心情和机会好好"打牙祭"了。再者，这半个月为春节前后，自家伙食本来就好，宾客们对东家的宴席自然少了很多期许。基于这种现实，为了简化分析，我们把宾客在酒席上就餐获得的货币化效用假定为 0 元。然而，东家却不能因宾客胃口见小而备粗茶淡饭，因为这样极"丢面子"；相反，甚至要办得更好，以拉出宴席和宾客自家中美味间的距离。最终结果时，东家备了大鱼大肉，而宾客食之甚少，全都浪费了。

"老虎"越养越大的经济学道理

设宴既是个亏本买卖，次数竟会增加，甚是奇怪！但是，万事万物皆有规律。看似奇怪的现象，只要抓住"理性人"这个假设，很好理解！

删繁就简，先找准分析的基准点：通货膨胀率为零，不考虑贴现率，各家只摆一次酒，每家宾客送的礼金额都是 360 元（18000/50）。此时，A 家办一次酒席，借得 11200 元，然后在还完所有"人情"后，净亏损 6800 元。但是，如果 B 家多办了一次酒席，A 家不得不随礼 360 元，于是净亏损变为 7160 元。对于 B 家，由于其他家户没机会收回送给他家的"人情"，B 家第 2 次酒席净赚 11200 元，第 1 次亏 6800 元，两次合计赚 4400 元。如果 A 家也多办一次，但除 A、B 两家外的其他家户均只办 1 次，那么 A、B 家第二次酒席都净赚 10840 元（11200 − 360），第 1 次亏 6800 元，两次合计赚 4040 元（10840 − 6800）。我们将上述情形画成博弈矩阵如表 1 示：

表 1　　　　　　　　　酒席次数的博弈分析

		B 家策略	
		摆 1 次酒席	摆 2 次酒席
A 家策略	摆 1 次酒席	（−6800，−6800）	（−7160，4400）
	摆 2 次酒席	（4400，−7160）	（4040，4040）

我们用划线法可以得出，A、B 家都摆两次酒是纳什均衡。但是，表 1 不是博弈最终的结果。最终的结果是，所有家户都会摆两次酒，其损失翻番，都由 6800 元变为 13600 元。一些家户从而会摆三次、四次酒，导致所有家户的损失再次倍增。总而言之，农家争相摆酒，就是都想最终实现"欠别人的人情"这个终极目标。在比拼摆酒次数的驱动下，各种摆酒名目油然而生。由此看来，酒席"老虎"越养越大，是因为农家都想占上别家的便宜。但后果是，均未沾上别家

的便宜，反而把自己和大家都带入更糟糕的境地。这是一个典型的"囚徒困境"。

明白了上述道理，酒席集中在春节前后半个月的现象，也好理解。湘西北绝大多数青壮年劳动力常年在外地打工，仅在春节前后半个月回到老家。只有此间摆酒，才能收上"人情"。

打击酒席"老虎"，还需政府持之以恒

打破"囚徒困境"，政府必须出手！政府的通行做法是，督促村（居）委会修订村规民约，只准摆结婚酒、丧事酒、乔迁酒（一家只准一次）和满月酒，摆酒须提前到村（居）委会审批。T村所在的乡镇政府于2013年年末曾重拳打击酒席"老虎"，当时确实起到了一定效果，但"老虎"如今早已比2013年前还大还胖。据网上报道，贵州省毕节市织金县于2014年开始打击酒席"老虎"，各乡镇（街道）与村"两委"、村"两委"与各村民小组签订责任书720份，签订承诺书2万余份，560个村（居）制定了《禁办酒席村规民约》。虽然起到了一定效果，但是，2016年1月25日，该县板桥乡永兴村陈姓农户借小孩剃毛头（习俗）之机，大张旗鼓乱办酒席。整治工作组50余名干部职工劝导并宣传政策时遭到阻挠，农户及亲属当场辱骂工作人员并唆使群众闹事，出手伤人。

政府"打虎"行动为何如此艰难？难就难在有的家户送出的"人情"还没有完全收回，所以顶风摆酒。由于政府不可能准确知道哪些家户还没有收回"人情"，等到所有家户都收回"人情"后再行限酒令的做法肯定不可行！面临还没有收回"人情"的部分家户和作为社会公害的酒席"老虎"，政府还得选择"打虎"。对于还没有收回"人情"的家户，政府只有晓之以理、动之以情。随着无理名目的酒席愈来愈少，家户间会形成相互制约滥办酒席的良性互动，乡村社会必然会重回良风习俗的美好时光！政府任重道远，不可半途而废！

（作者为中国社会科学院经济研究所副研究员）

"富养女穷养儿"的重新解读

杨兰品

一、何为"富养女穷养儿"?

社会中很盛行一句话，叫"富养女穷养儿"。还有不少著述，试图教育、引导做父母的教育、抚养、对待自己的儿子和女儿。大意是，男孩子，要"穷"养，让男孩子在必要的"穷"和"苦"中得到锤炼，以便将来更有出息、更有担当；对于女孩儿，家庭要在物质、情感、精神等方面多给予关怀，以便开阔其视野，增强其见识，使其将来成为更优秀的女性。

这些说法不是没有道理。但这些说法有一个极其重要的暗含前提和假设被完全忽视了，即家庭、父母，在物质和精神方面都是富足、充裕的。无论男孩儿、女孩儿，穷养、富养，一个基本的前提是父母、家庭，甚至社会，在物质、精神、情感、教育等方面，都不是匮乏的、缺失的。只有在这样的前提下，做父母的才能够选择是"穷养"还是"富养"以及如何"穷养"和"富养"。很难想象，一个在温饱线上挣扎的家庭的男孩儿，怎么能不被"穷养"，还用得着刻意"穷养"吗？一个贫困地区的留守女孩儿，又如何被"富养"呢？样板戏《红灯记》里的小铁梅，每天"提篮小卖拾煤渣，担水劈柴也靠她"。十六七岁的小姑娘，正是读书、学习琴棋书画的年龄啊。再者，即便家庭条件特别优越，女孩儿就不需要自信自立意识，吃苦精神？

所以，我理解的"富养女穷养儿"应该是指人们在不同的经济状况下关于生养男孩儿还是女孩儿的理性选择以及人们对这种社会现象观察的经验总结。生育和抚养男孩儿还是女孩儿，以及人们关于男孩儿和女孩儿的态度是和经济条件

直接相关的，是由经济条件决定的。在贫穷的地方、时期和条件下的父母和家庭，通常偏好多生养男孩儿，而且也应该如此；在富足的地方、时期和条件下的父母和家庭，才包容、珍惜，甚至偏好生养女孩儿，也养得起、养得好女孩儿。

二、如何"富养女穷养儿"？

首先，"富养女穷养儿"是对社会现象的总结。从一定意义上说，对女孩儿的生育、抚养态度，是一个家庭、地区甚至国家经济实力和经济发展水平的重要体现。经济状况越差，男孩偏好越强，出生性别比也越高。从历史上、不同群体、不同国家看，莫不如此。"富养女穷养儿"的现象在中国历史上，尤其是新中国建立之前非常普遍。穷人家"生子则相贺，生女则杀之"。小时候经常听村里一个老婆婆哭诉年轻时生下女儿就被逼扔掉，生下儿子就养着的故事。因为她公爹怕养不起，长大了陪嫁不起，扔了她几个女儿。直到晚年她每每说起时依然泪流满面。村里还有一个女孩儿落地后就被扔到了寨墙外面。也是她命大，居然没被冻死、摔死或者被狗叼走，被一早起路过的乡邻见到后突发恻隐之心，推测是谁家扔的，又送了回去。而富人家就天壤之别了。《红楼梦》里贾府的姐妹们不仅不会被遗弃、歧视，还极受宠爱、珍视，从小锦衣玉食，接受良好的教育。关于宋氏三姐妹的各种题材的作品汗牛充栋；关于杨绛、林徽因的各种记述也俯首皆是；随着周有光老先生的去世，合肥张家四姐妹也越来越引起人们的关注。这些优秀女性的共同特点就是出身好、家世非富即贵或既富又贵，因而不仅不会被歧视甚至遗弃，还从小生活优裕，能受到呵护珍爱和非常好的教育。

新中国成立后的相当一段时间，提倡男女平等，但还没开始计划生育政策，所以，"富养女穷养儿"的现象还不是特别严重。但在严格执行计划生育时期，城市和农村、富裕和贫穷地区，在生养儿子还是女儿的态度和取向上有非常明显的区别。在生育指标极其有限的情况下，很多农村夫妇和家族对男孩儿的偏好就特别强烈，为了生育一个男孩儿，不惜溺杀女婴。有了 B 超仪器之后，更是是男则相贺，是女则堕之。在养育方面也差别很大。有不少做父母的、不少家庭，把最好的资源都给儿子，甚至挤占女儿的生存和发展空间，掠夺女儿极其有限的人力财力，以补贴儿子。而在城市，就很不一样。做父母的甚至整个家庭没有明显的重男轻女现象，生了女儿也一样珍惜甚至更加珍惜和呵护。显然，城乡家庭之间对于男孩儿、女孩儿生育态度的差别是由城乡之间不同的经济水平和社会保障状况决定的。

有不少报道，说很多美国夫妇，万里迢迢，花很多钱，到中国来领养弃婴。而这些弃婴基本都是女孩儿。据推测。这些被中国亲生父母遗弃而被美国夫妇领养的女婴基本都来自农村。对待女孩儿的态度、对待女性的态度，是一个地区、社会和国家的经济发展水平和文明程度的反映和体现。虽然中国已经是第二大经济体，但仅从这一点来看，中国还是个非常"穷"的国家。

三、为何"富养女穷养儿"？

"富养女穷养儿"既是对人们的警示，也是人们的理性选择。这句话似乎也是在警告人们，如果是穷人，最好不要养女孩儿而是养男孩儿；如果是富人，可以生养甚至多生养女孩儿。男孩儿即便不能求取功名光宗耀祖，至少还可以种地打工养活自己和家人。穷人家养女儿，养育成本相对于其家庭财富和状况，已经是非常高了，养大后的回报却很低。养到十四五岁或者 20 岁左右，刚刚有了点劳动能力，女孩儿就该嫁人了。即便做父母的已经非常尽力了，但也未必能给女儿很好的教育条件，更不可能有很好的陪嫁，因而也很难嫁到比较好的人家。如果女孩儿娘家经济条件差，自己又因为不可能受到好的教育而能力有限，那么做女儿的很有可能在夫家被歧视，不仅自己受罪，还连累娘家人揪心和牵挂。有研究表明，长期以来，我国农村的自杀率远远高于城市，农村女性自杀率明显高于农村男性自杀率。农村女性自杀者多为已婚女性，而且家庭纠纷导致的女性自杀死亡的比例大约占 56.79%。[1] 这些自杀女性的父母养育了女儿，还要因女儿而承受极度的苦痛和悲愤。[2] 印度大诗人泰戈尔作品中有不少穷人家养女儿、嫁女儿的悲哀，比如父亲极爱女儿，却因为贫穷、承诺的嫁妆不能兑现，致使女儿在

---

① 景军、吴学雅等：《农村女性的迁移与中国自杀率的下降》，载《中国农业大学学报》(社会科学版)，2010 年第 4 期。

② 值得欣慰的是，有关研究表明，农村女性自杀率已有大幅度下降，并使整个国家的自杀率下降。主要原因是大批农村女性从乡村到城市的劳动力迁移使她们大部分有了独立的经济收入，远离了既往的人际冲突情境。

夫家受折磨，父亲极度揪心的故事。① 而富裕家庭资源丰富，养育甚至多养女儿的成本，相对于其拥有的财富和资源来说，相对不高甚至低到几乎可以忽略不计。即便是女孩儿多少受些教育，那人力资本已经是极高了，结门好亲事的可能性极大。结门好亲家、有出色的女婿，通过联姻又能提高自己家族的声望和势力。

四、为何应消除"富养女穷养儿"？

由于中国存在严重的贫富差距、城乡差距，而且是社会保障制度不完善前提下的贫富差距和城乡差距，加上计划生育政策的数量限制，就导致严重的"富养女穷养儿"。而"富养女穷养儿"的结果就是在低收入人口密集的广大农村和边远贫困地区，出现严重的男女比例失调。一个国家或民族正常的出生婴儿性别比，一般应该稳定在103—107之间。我国出生人口性别比基本都在117.78以上。而且主要是农村和边远贫困地区拉高了出生人口性别比。2007年，农村出生性别比高达130.18。如果以0—4岁年龄段人口的性别比来考察，2008年为123.26。②

由于"富养女穷养儿"，广大农村男性数量严重高于女性数量，又由于婚姻市场上男女两性的择偶梯度倾向，即男性更倾向于就"低"，女性倾向于就"高"，以及两性之间交换资源的行为和倾向，就导致农村和边远贫困地区严重的剩男问题。国家卫计委发布的《中国家庭发展报告2015》指出，到2020年，预计20—45岁男性将比女性多3000万人。剩男主要集中在农村，农村剩男比例远高于城镇，剩女主要集中在城镇。但农村存在剩男和城市存在剩女是完全不一样的，农村是男大难婚，城市是女大不嫁。

任何一个社会，光棍儿太多，都是社会的不稳定因素，会引发犯罪，影响社会的稳定和发展。光棍儿数量多，会引起心理健康、性侵犯、拐卖妇女等社会问题，还可能会影响其他人婚姻家庭的和谐稳定。有报告显示，从1998年到2004年，中国性别比例偏差每增多1%，性暴力和性侵犯的例子则会增加3.7%。这

① 泰戈尔：《饥饿的石头》，倪培耕等译，漓江出版社1983年版，第29—37页。
② 根据《中国统计年鉴》《国家统计局年度统计公报》等整理。

还是在性暴力与性侵犯并未充分立案、报道的情况下。再说，一个社会，一方面是女性的出生权和生命权等最基本权利被剥夺，另一方面是大量游荡于婚姻之外的光棍儿，怎么说都不是和谐社会、全面小康社会应有的景象。

五、如何消除"富养女穷养儿"？

放开二胎政策的意义或许不在于是否和多大程度地缓解劳动力资源短缺问题，也不在于是否和多大程度地缓解人口红利的减少；而在于，在广大农村，在生育数量约束放松的前提下，女孩儿的出生、成长空间会相应扩大，是男则相贺、是女则堕之的现象会减少，从而能较大程度地调整性别比例失衡。但这还远远不够。一个社会，要消除重男轻女现象、消除对女性的歧视和偏见、消除对女孩儿的残忍与冷酷，从根本上说，是要消除穷困、消除穷困家庭。进一步缩小收入差距、提高低收入者的收入水平、进一步完善社会保障制度，使穷困和低收入家庭不再因为贫困而有性别歧视，才是保障女性的出生权、生存权和发展权的前提，才是有效调整性别比例失衡的根本和关键。

首先，经济状况的改善和社保水平的提高，能使人们不再依赖于养儿防老，不再对子女的回报有过高的期望。如果养育子女不是为了回报，而是为了"付出和欣赏"，那么生育的是男孩儿还是女孩儿，有多大的差别呢？其次，经济状况的改善和义务教育资源均等化程度的不断提高，使女性收入水平上升、经济的独立性加强，因而更有能力和条件照顾老人。即便是期望子女养老和回报的父母，对女儿的养育成本相对很低，而回报却很高，何必对生育儿子有过高的偏好呢？更何况很多的社会现象表明，养儿未必能防老，多子未必多福。最后，经济状况的改善也能有效促使人们开阔视野，告别愚昧和落后，转变生育观念，提高文明程度。

总之，对待女性的态度、女性的社会地位，是一个家庭乃至一个社会经济状况与文明程度的标杆。让所有人都能有基本生活保障、能衣食无忧并接受基本的教育，不仅是解放女性、终结养儿偏好的根本，也是整个社会文明程度提高的前提和基础。

（作者为武汉理工大学经济学院教授）

你到底要什么？

李文溥

忽如一夜春风来，千树万树梨花开。

岁末年初，笔者所在的城市人行道上，突然出现了大批红、黄、白等颜色的"共享单车"。刷码解锁，分时计费，微信支付。大街上，不时见到三五成群的年轻背包客摇摇晃晃地骑着它们，在不熟悉的城市里，时而停车问路，时而掏出手机查询地图，辨别道路。

新生事物，必须及时学习。上网查了一下。百度曰："共享单车是指企业与政府合作，在校园、地铁站点、公交站点、居民区、商业区、公共服务区等提供自行车单车共享服务，是共享经济的一种新形态。

2016 年年底以来，国内共享单车突然就火爆起来，最近一张手机截屏蹿红网络。在这张截图上，24 个共享单车应用的图标霸满了整个手机屏幕，真的是'一图说明共享单车的激烈竞争'。而在街头，仿佛一夜之间，共享单车已经到了'泛滥'的地步，各大城市路边排满各种颜色的共享单车。

日前第三方数据研究机构比达咨询发布的《2016 中国共享单车市场研究报告》显示，截至 2016 年年底，中国共享单车市场整体用户数量已达到 1886 万，预计 2017 年，共享单车市场用户规模将继续保持大幅增长，年底将达 5000 万用户。

报告指出，中国共享单车市场已经历了三个发展阶段。2007—2010 年为第一阶段，由国外兴起的公共单车模式开始引进国内，由政府主导分城市管理，多为有桩单车。2010—2014 年为第二阶段，专门经营单车市场的企业开始出现，但公共单车仍以有桩单车为主。2014 年至今为第三阶段，随着移动互联网的快速发展，以 OFO 为首的互联网共享单车应运而生，更加便捷的无桩单车开始取代有桩单车。"

政府主导的有桩单车，在福州见过。黄绿色的单车，一辆辆整整齐齐地被锁在固定的桩位上。然而，在号称"自行车之都"的福州，这种有桩共享单车似乎也鲜有用者。街面上，自行车与电动车组成的车河中，黄绿色的共享单车难得一见。本地的常住居民大多还是用自家的单车。这是可以理解的。由于必须定点归还，下一个桩点在哪里呢？是否就在我要去的地方附近呢？显然，对于那些不准备将车还回出发点的游客，不能不考虑这些，考虑之后，似乎很难选择这种有桩共享单车。然而，对于本地常住居民，有桩共享单车也未必是一个经济合理的选择。因为，所谓共享，分时租用而已。共享单车，日夜在街头风吹雨打日晒，耗损必大，多人使用，未必个个爱护如同己物，折旧必数倍于个人私车，加之车桩等固定设施、管理费用、日闲置时数、非正常报废的摊销，稍微一算便大体可知，其时租必定不太便宜，偶用几次，可以承受，不必计较，但是，如要用它解决"最后一公里"的每日通勤所需，如非别无选择，还真难以理解。

因此可以理解有桩共享单车何以在"自行车之都"的福州也门前冷落，问津者寡。"共享单车是指企业与政府合作，在校园、地铁站点、公交站点、居民区、商业区、公共服务区等提供自行车单车共享服务。"这话看来不是书生想当然就是经营者揣着明白装糊涂。因为，从经济学上看，分时租用，更合适的对象是价格昂贵但不常使用的物品。住宅人人需要，天天要住，即使在发达国家，因收入低不得不终生租房者不在少数。在中国，学区房住户，也多是短期租客。职业不稳定的外地打工仔，更只能租屋而居。城市尤其是大城市的住宅，因其昂贵而常常成为分时租用的对象；不常用的大型设备，如大学、研究机构的大型计算机，农村里的大型农机具如大型收割机之类，价格昂贵，个人又不常用，分时租用因此成为经济的选择。然而，分时租用必然带来种种不便，因此，价格降到一定程度，人们往往舍租用而购买。住宅无疑是最贵的生活用品，虽然是要耗尽一生积蓄，人们还是倾向拥有。娶妻、盖房、生子，向来是中国人的三件人生大事！三十年前，微机刚登陆中国，一台 286 也要普通人家数年收入。我等穷教书匠只能到学校机房上机，按时计费。机时费是课题申请必列的重要预算之一！到如今，笔记本电脑已成为大学新生的标配，哪位课题申请者还好意思再在课题预算中开列机时费？在美国，大型农机具最早也是几个农场合伙购置的，可后来，

越来越多的农场主倾向于自购。大型农机具从共享到自有，早已成为交易费用经济学的标准案例。

扯远了。还是谈谈共享单车吧。自行车是不是分时租用的合适对象呢？在下颇为怀疑：它单价太低，区区数百元，多数人不至于买不起；若是经常使用共享单车，用它解决"最后一公里"的每日通勤所需，一定不经济，即使1次1元，每日两次，一年的租车费用，也大致可以买辆车了；如果是有桩共享单车，必须定点归还，还是不够方便。

共享单车其实不是给本地常住居民"在校园、地铁站点、公交站点、居民区、商业区、公共服务区等提供自行车单车共享服务"的。它实际上是以游客为对象，满足他们在旅游地的一次性消费需求。由此也就可以理解为什么市政当局的有桩共享单车门前冷落，问津者寡；为什么OFO和摩拜提供的是无桩共享单车了。无桩共享单车的好处是：节约费用，降低了供给成本。经营者无须在城市通衢购置或租用昂贵的停车用地，投资建设停放设施，大大降低了经营费用。便利了旅游者，扩大了有效需求。他们随处都可以停车下锁付费，完成消费，不必担心在陌生的城市里找不到固定的归还站点，自然增加了消费者。

然而，天下从来就没有白吃的午饭。经营者的节约成本与旅客的使用方便，是把成本转嫁给了城市：大量的无序停放，占用了紧缺的城市公交用地，扰乱了城市公共交通秩序，造成了市容市貌的混乱。曾见过这样的报道：近来有个小巷的居民清早起来，常常发现巷口被杂乱堆放的共享单车给堵住了出门的道路。曾听过这样的传闻：一辆共享单车气宇轩昂地被停放在大街正中！曾见过这样的照片：杂乱无章的共享单车在街心绿地堆成了一座小山，不少已经"缺胳膊断腿"、残缺不全！

一篇署名马未都的网文因此义愤填膺地批判中国人的国民性：

"共享给了我们这个时代一个幻觉，互联网时代的到来让公众以为共享时代已经到来。共享算是个新词，但内核并不新，就是一百多年前风靡的共产主义精髓，它对未来世界的畅想是：各尽所能，各取所需。

各取所需让共享单车捷足先登了；各尽所能估计还差着十万八千里。嗅觉敏锐的投资家看准了共享商机，先不考虑其他，砸下巨款，让每一个出行者都可以不花钱或少花钱'共享单车'。在这背后，隐藏着资本的眼睛与心，无论唱什么高调，赚钱都是第一位的。

　　这可能是这半年多来看着最肥的一块肉。肥得流油，甩得哪儿都是。在我上班路上，共享单车刺眼地在哪里都待着，也不讲究姿势，甚至放肆到拦道设障，让汽车被迫绕行；更可恶的是缺东少西的单车们委屈地东倒西歪，妨碍观瞻，醒目刺心。

　　我们民族怎么就不能共襄盛举呢？一辆随处可骑的单车，方便价廉，不用担心丢失损毁，你的责任仅是用完放好，其他责任由运营方负责，多好的事情啊，怎么就不能在朗朗乾坤之下健康成长呢！

　　我们年轻时说好了'要做共产主义接班人'，五六十年过去了，连个共享单车都不能容，眼看着单车一方面泛滥成灾，另一方面又共享不成。城市里堆积如山的单车不能物尽其用，浪费了大量的公共资源，还污染了环境，加剧了人文环境的恶化，在物权理应明晰的时代，暂时失去物权的'共享单车'犹如一个流浪汉，饥一顿饱一顿的，过不上正常人的生活。悲乎喜乎？"

　　文章还贴出了一张整齐摆放的纽约共享单车点照片以资比较。

　　马未都先生是作家、收藏家和古董鉴赏家，关注国民性，痛恨人心不古，可以理解。然而，难以理解的是，既然看到了"在这背后，隐藏着资本的眼睛与心，无论唱什么高调，赚钱都是第一位的"，怎么能号召大家来"共襄盛举呢？"你吃着"最肥的一块肉"，却批判老百姓"说好了'要做共产主义接班人'，五六十年过去了，连个共享单车都不能容"，愣是让"一百多年前风靡的共产主义精髓，它对未来世界的畅想：各尽所能，各取所需"无法实现！这算是怎么回事？笔者多年从事经济学，从不义愤填膺于人心不古。数十年经验，感觉人心这玩意儿，古今中外，相去其实不远。在所在的大学周边路口，我就不止一次见到外国人肆无忌惮地闯红灯！与此同时，路边却站着规规矩矩等绿灯的国人同胞。目前共享单车的乱局，在我眼里，更多是体制和机制设计上的缺陷。是投资共享单车者从资本的逻辑出发，有意地错位消费对象，向社会公众转嫁成本，是典型的私人成本外部化导致的乱局。其私人成本外部化的出口就在于这根看似简单的停车桩！在这种经营模式设计下，所有对消费者的社会公德呼吁都是枉然的。因为，博弈论告诉我们：一次性的博弈行为，必然是机会主义策略占优。

　　正因为如此，纽约整齐有序摆放的共享单车，不是资本主义制度下，人们发扬共产主义精神的结果，而是停车桩牵住了资本的牛鼻子，抓住了理性经济人的手。在纽约，共享单车是由市政当局经营，花旗赞助的。纽约不设私人自行车的

停车位，私人自行车无法停车，要用自行车，就只能用共享单车，共享单车因此
有市场。然而，在邻近的新泽西州，由于人口密度较低，共享单车就没有市场。
在多伦多，共享单车也是有桩单车，每辆每小时 5 加元，但是，每次使用不得超
过半个小时就得还到车架，每 15 分钟计算一次费用。这样的制度设计，彰显了
共享单车的服务对象是当地居民而非外来游客。曾有过外地游客没有注意到共享
单车广告牌上的规定，连续租用了 3 个小时的共享单车，几天后，信用卡公司寄
来的账单是 98 加元！

　　共享单车是新生事物，但是，新生事物未必都有生命力，即使有生命力，也
应当在制度设计上不断完善它，使它能和谐地融入我们生活的社会中。

　　因此，共享单车的经营者应当再想想：眼前的乱局是否与当初的经营模式设
计有关？应当如何改善它？如何在不产生私人成本外溢的情况下，与社会和谐相
处，实现合理的盈利？初期的风投只能成为达到规模经济点之前的助推，它不可
能是上帝的"吗哪"①。

　　引进共享单车的地方政府，也应当再想想：为什么要引进它？有没有其他更
优的备选方案？为什么在"自行车之都"的福州，有桩共享单车却不被接受？
无桩单车给市政交通、市容市貌可能带来的是什么？在公交系统已经如此便捷廉
价，连本地居民都已经基本弃用自行车的厦门，需要引进共享单车吗？在岛内公
交用地如此紧缺，已经基本取消了自行车专用道的厦门，引进共享单车的综合社
会成本是多少，收益又是什么呢？

　　还是一句老话，决策之前，要好好想一想：你到底要什么？

（作者为厦门大学特聘教授）

---

　　① 《圣经》故事中的一种天降食物。吗哪(希伯来语:מן;英语:Manna)是古代以色列人出埃及时,在 40
年的旷野生活中,上帝赐给他们的神奇食物。

人情乎？ 信任哉！

李新荣

一、人情，众里寻她千百度

华人家庭一般都有两个账本，或手工或电子，例外者微乎其微。一本是收入账，记录着亲戚、朋友、同学等送来的红包；另一本是支出账，记录着自己给出的红包。这两个账本栩栩如生地勾勒出了华人社会人情往来的画卷。就像一首来自辽宁的民谣中唱道："东家聘女，西家生娃，今天买楼，明天搬家；别问什么事，给信就得花，家底要随空，春播要抓瞎。"既透露出人情往来的频繁，又诉说着对泛滥人情消费的无奈。据中国家庭追踪调查（CFPS）2010 年的测算，中国家庭人情支出占到家庭收入的 15.53%；对于收入水平最低的 20% 的家庭，该项比例更是高达 46.99%。随着时间的推移，7 年过去了，一切如故。2017 年 1 月 17 日，社科院联合腾讯理财通、腾讯研究院金融研究中心发布了国内首份《国人工资报告》。在这份报告中显示，除了吃、穿、用、学、住、行的开销，国人为人情"一掷千金"。人情往来、请客送礼花销占工资的 14.65%，比娱乐运动、医疗保健、赡养老人和创业的花费占比还要高。

中共中央政治局于 2012 年 12 月 4 日召开会议确定了关于改进工作作风密切联系群众的"八项规定"，以及"六项禁令"。公安部亦出台"三项纪律"，其中公安民警自费去唱歌也在禁令之列。瞬间，"吃瓜群众"有些看不懂了。礼尚往来，往而不来，非礼也；来而不往，亦非礼也。尽管红包猛于虎，但是也不至于从中央到部委都出台规定、禁令去管理这小小的红包吧？

纵观人情往来的使命有三。第一，情感表达。气候变化为父母准备一双手套

一个围巾、为恩师的寿诞准备一幅字画、为闺蜜的新婚准备一个红包、为许久不见的老友准备一壶老酒，以及爷爷奶奶为满月的孙儿准备一个长命锁，这些人情消费表达了对长辈、老师、朋友和晚辈的关心、敬意、亲密和祝福。"有来有往，亲眷不冷场"，斯之谓也。

第二，防范个人和家庭的风险。"知乎"上的一个问题"中国真的有很多穷人吗?"其中一个匿名用户的回答得到了网友两万个赞和两千多条评论。文章中提及自己爸爸因血癌住院急用钱，即使卖房子也需要时间，妈妈给堂兄、堂姐打电话，每个孩子都直接汇过来 2 万元，20 万元当天凑够;自己的发小是外企高管，直接汇过来 10 万元;爸爸的几个好朋友也是直接汇款。这是整个故事里面颇具正能量的桥段，但是不难发现当一个家庭遭遇天灾人祸和生老病死时，作为小老百姓的我们，谈社会保障体系是多么奢侈的一件事情，而唯有"众人拾柴火焰高""受人点滴之恩，须当涌泉以报"这"华山一条路"。也就是说人情消费等价于保险，人情交换越多，就意味着买保险越多，防范风险的能力越强，也就越安全。

第三，不当求利。周新生委员在全国政协十二届一次会议第三次全体会议上作的"尽量让国人不求人少求人"发言中描述了一幅中国式求人"图卷":"生得好要求人;病了，治得好要求人;死了，烧得好、埋得好要求人;上好学要求人;找工作要求人，调动工作要求人;异地迁徙取得户籍要求人;参军要求人;职务职称晋升要求人，不一而足。"有例外吗? 没有。求人的主体上至高级官员下至布衣百姓。有解决之道吗? 有。就是发言开头提到的那位老领导的女儿，入外籍和嫁给外国人。老领导开心接受了吗? 没有。但是女儿说"爸爸您将来再不用为您的外孙在国内上幼儿园、小学、中学求人了"，最终让这位老者不得不接受女儿的做法。在这幅画卷里，人情消费等价于投资，表面上交换的是人与人之间的情义，实际上是人与人之间的利益。

让老百姓深恶痛绝的是附加不当求利、存在利益交换的那些人情消费，而从中央到部委出台规定和禁令管理的红包，也恰恰是这一类。

二、人情，拨开云雾见明月

求人的主体往往希望掌握着大大小小权力和资源的官员可以依照人情法则将其掌握的资源做有利于请托者的分配，相应的他也必须运用各种办法将资源分配者囊括在自己的关系网络中，所谓"攀关系""认亲家""拉交情"等都是通过各种角色建立初级的关系网络。而这只是万里长征的第一步，依据中国人的差序格局，不是仅仅建立交情就可以影响资源的分配方式。此时，请托者需要进一步地用拜访、学习、送礼、宴客等方式来加强彼此之间的情感关系，而其中又以宴请和送礼为甚。这一幕在热播剧《中国式关系》的开场饭局中体现得淋漓尽致。饭桌上等得不耐烦的江一楠（请托者）说："我从进这个房间到现在，已经过去了两个小时十五分钟，关于我的方案我只说了两句半和六十多个字。"没等江一楠控诉完，马国梁（资源支配者）一句话顶回去："您进这屋都两个多小时了，才喝了一口酒。"这就是生意场上的"中国式关系"。生意不是在办公室里谈出来的，是在饭桌上、桑拿房里、麻将桌上和 KTV 里谈出来的。而依照人情法则，"吃人家的嘴软，拿人家的手短"，资源支配者接受了宴请或礼物，欠了对方人情，便有回报的责任和义务。宴会越丰盛，礼物越贵重，欠的人情越多。当请托者开口的时候，资源支配者越难以拒绝。那么，请托者就越有可能影响资源的分配方式。这也不难理解曾经的"天价茅台"和"天价烟"。人情消费是借助潜规则争夺有限的资源和机会的"制胜因素"。

而从中国人的权利生活和制度规范的角度，不难发现，我们有着帮助潜规则大行其道的"土壤"。假如权力无法被当权者任意定夺，则说明社会的权力操作是在制度规范中运行的。但是在中国人的生活中，职位受约束而权力不受约束，制度的漏洞和弹性是实现权力的转让的可能因素，而最佳途径就是用人情同资源控制者做交易。欠人情债和礼尚往来就会成为当权者变现权利的主要手段。简而言之，人情消费一般具有"投桃报李"的互助性质，人情消费是权力的"市场定价"。

三、人情，想说爱你不容易

当老百姓看着这一波波的红包漫天飞舞，心里做何感想？作者最近的研究《人情消费与制度信任》，通过实证分析表明人情消费增加将导致人们对制度不信任的程度加剧。作者将居民个体对中央政府、地方政府、公安、法院和领导干部这五类对象的信任水平作为制度信任的测量纬度，将人情消费与其年收入的比值作为人情消费的核心解释变量，在控制了居民的个体特征、地区经济发展的异

质性和红包情感表达以及防范风险的功能后，作者发现人情消费的上升导致居民对法院和公安系统的信任概率显著下降，同时对中央政府、地方政府和领导干部的信任概率下降，但不显著。

但是不可避免的是人情消费与制度信任存在"鸡生蛋，蛋生鸡"的问题，即居民的人情支出可能内生于其制度信任水平。一方面，居民因为对制度不信任，从而导致其通过人情交换来规避规则，意图寻求捷径；另一方面，人情支出的多寡会受到个人透过社会网络可获得的资源或能力的影响，而这种能力同样也会影响居民个体的制度信任水平。使用工具变量后估计得到的人情消费收入比对中央政府、地方政府、法院、公安系统和领导干部的信任概率均显著下降。具体就边际效应分析，人情消费占收入比上升1%导致居民完全信任领导干部、地方政府、法院、中央政府和公安系统的概率依次显著下降，分别是2.24%、5.58%、7.13%、7.38%和12.4%。

如果工具变量的选择存在商榷的空间，作者进一步采用移民样本重点考察了当地人情消费文化的变化与个体制度信任的关系，发现当地平均人情消费水平的提升导致居民对公安系统、中央政府、地方政府和法院的信任概率显著下降。

至此，我们也就不难理解为什么从中央到部委都出台规定、禁令去管理这小小的红包，它不仅降低人民群众的人情消费水平，而且有效提升我国居民制度信任水平，更是我们社会健康稳定发展的有力保障。

（作者为中央财经大学经济学院副教授）

"小"行规，大道理

贺新宇

家住豫西山区的赵某是一位古玩收藏者。2011 年 5 月，赵某听说淅川县有农民要搬迁，便想趁机去淘一些宝贝。5 月 18 日，赵某在正要搬家的刘某的院子里看到了一把水壶，几经交流后，赵某以 50 元钱买下。2011 年 10 月，赵某拿着淘得的水壶到一家电视台现场拍卖，原来此水壶是一把民国时期黑釉壶，价值近 10 万元。凑巧当晚刘某在家中看电视，看到此节目，并看出电视中的水壶就是和赵某交易的那一把，随后刘某联系到赵某要求退还该壶。

这就是一则捡漏的经典案例，按照古玩行业的行规，当出现打眼时，买方不追究卖方的责任，在出现捡漏时，卖方不要求买方返还。所以，按照行规的套路，估计要出现刘某与赵某的以下对话：

刘某："你这人太不厚道，明知道是把黑釉壶，还不跟我说，所以你得把黑釉壶还给我。"

赵某："凭什么告诉你？能认出这是黑釉壶，这能耐可是吃了多少次亏换来的！"

刘某："好吧，黑釉壶我不要了，但是就当我卖给你了，你再按市场价给我一部分钱总可以吧，这样也算公平。"

赵某："买你的壶的时候我把该说的都说了，你自愿给我的，没有因为公平不公平再返还给你钱的道理，抱歉。"

当然，这只是为了说明问题模拟的一段对话，但我们可以看出几个重要的问题：

第一，赵某有没有告知刘某所卖的壶其实是一把黑釉壶的义务？

第二，如果没有告知的义务，刘某要求再获赔一些钱款，这样出于"公平"的要求，合理吗？

第三，若刘某不服，司法的判决以"显示公平"支持刘某的主张的话，这与行规的主张相悖，该如何对待？

这三个问题层层递进，笔者将从生产性信息的保护、合作剩余的合理分配、行规的必要性这三个方面对上述问题谈些自己的感想。

一、生产性信息的保护

交易双方之所以存在交易的可能性，是因为双方对同一资源的使用效率的认知是不同的，从而产生了合作剩余。对如何更加有效使用资源的信息，我们可以称之为生产性信息。这类信息的一大特点就是信息所有者能以其为基础创造出更多的社会财富。掌握生产性信息越多或者质量越高的人，获得丰富的资源，这样才能使资源获得更有效的利用。

比如说上例中，刘某不知道自己手中的是一把黑釉壶，对它的评价假设为10，可能也就用它喝个茶，说不定直接扔了。但是赵某在古玩行当摸爬滚打了那么多年，别人眼中的普通陶壶，经过赵某的鉴别，就是一把价值不菲的黑釉壶，假设评价为100。通过交易，产生了90的合作剩余，社会财富就因此增加了，没有赵某或者其他懂行的人，那把壶永远只是一把普通水壶。

既然生产性信息可以促进资源更有效的利用，产生更多的合作剩余或者社会财富，那就应当刺激人们对生产性信息的投资，但这有一个前提条件：生产性信息可以不披露。

如果我们强制要求生产性信息披露的话，那么至少会产生以下两种后果：一方面，由于信息往往具有复制成本低的特征，原本不具有生产性信息的一方就会免费使用信息并从中获利，比如说，如果赵某告知了刘某那把水壶是一把黑釉壶，那么刘某免费利用了这一信息之后，对黑釉壶的评价上升为90，那么尽管此时仍然存在10的合作剩余，但是赵某从中获利的空间大大减少；另一方面，在信息所有方获得收益空间大大减少的情况下，这其实是信息所有方在一种强制的力量下将本应当自己获取的收益无偿地让渡给了非信息所有者，这导致的一个的后果就是严重降低了生产性信息投资的积极性。这或许在一次交易中无偿让渡收益不会给社会带来太大的效率损失，但是当因此而产生的信息投资激励下降时，那带来的效率损失将会是巨大的了。

可以看出，生产性信息可以促进社会财富的不断增加，并且强制要求生产性信息的披露会严重挫伤投资的积极性，那么生产性信息就应当是保密的。因此在上述案例中，出于激励生产性信息投资的原因，赵某没有告知刘某的义务。

二、合作剩余的合理分配

如果从效率的角度认为生产性信息可以不披露，那么另一层问题又来了，在赵某与刘某交易时，存在的90的合作剩余该怎么分配？可以想象，赵某是没有任何激励去"公平"分享合作剩余的，因为这样做根本没必要。对于不知情的刘某，给个50块钱卖一把壶就心满意足了，赵某何必自找麻烦多付钱。

更重要的是，有些生产性信息从占有到产生收益还有一个"生产"过程，并且这个过程的完成可能仅仅拥有信息还不够，还需要具有相应的使用能力，才能完成，比如程序员利用电脑编程出具有高价值的程序，那么电脑销售商不会因此而要求多瓜分合作剩余。但像古玩鉴赏这样的信息，从占有到产生收益是很快的，一旦刘某获得，立即就可以变现，或者在交易之后以显示公平为由请求撤销合同。那么像这种"变现"极快的信息，信息所有者占有绝大多数合作剩余的行为，在效率上是合理的吗？应当受到保护吗？答案是肯定的，因为这种制度可以将资源和信息统一在一起。

为了实现最优匹配，我们就要构建制度最小化将资源和信息统一在一起的交易成本，这个交易成本包括信息交换的交易成本和资源交换的交易成本。

针对生产性信息的信息交换的交易成本是极高的，因为前文已经论及，如果强制生产性信息披露的话，将会大大减少社会对生产性信息的投资，产生很大的损失，所以目前的制度就允许生产性信息保密，从而在制度上保证交易中信息交换的交易成本最小化。

当我们承认了生产性信息的获利性之后，基于合同成立时双方当事人的意愿，资源转移到拥有生产性信息质量更高的一方，这种制度其实也就同时保证了资源交换的交易成本最小化，因为这是资源所有者在与信息所有者进行合理的信息交换之后自愿转让的。就像是上文中模拟的对话里，"我把该说的都说了，你自愿给我的"，就是这一道理。

实际上，此时成本最小化也就意味着效率最大化。首先应当明确，信息所有者获取合作剩余的大多数是有利于促进生产性信息积累的，所以我们可以将上述问题归结为比较"促进生产性信息投资激励"与"'公平'分配合作剩余"之间的成本。这里的成本，分别指促进生产性信息投资激励时合作剩余分配的"不公"，和"公平"分配合作剩余时由于生产性信息激励不足而导致的效率损失。

这里的"不公"为什么加引号？仔细想想，所谓的"不公"，完全是事后刘某强加给赵某的。没有赵某的鉴别，陶壶在刘某手中只是一把破壶，连那50块钱都得不到。事后刘某再想讨回，就是明显得了便宜卖乖。此外，如果刘某在事后仍然不知道那把壶为黑釉壶，那么对它的评价依然为10，那合作剩余的分配对于双方都是帕累托改进；相反，如果刘某在事后知道了那把壶为黑釉壶，那么从激励生产性信息投资而获得的整体社会财富的增加的角度来看，也是符合卡尔多希克斯效率改进的。

此时答案就显而易见了，前者无论如何都是一种效率改进，而后者却是效率损失，所以基于效率的角度，我们也应当支持在合理进行信息披露之后，合作剩余的分配状况。

三、行规的必要性

实际上，这则案例中，法院审理认为，在交易过程中，虽然原被告当事人是平等、自愿的，但赵某在收购这把壶时，就认为这把壶并非是一把普通的壶，他是懂得并有这方面知识和经验的。并且刘某不懂得祖上留下的这把壶是一个老古董，对标的物的价值估计有严重偏差。如果维护该交易，就会造成双方当事人利益格局的严重倾斜，使得被告人赵某以较小的代价取得巨额利润，有悖社会公平，因此以"显示公平"为由判决赵某返还黑釉壶。

既然保护生产性信息收益是合理的，为什么司法仍然这样判决？归其原因，我想还是因为古玩这种资源，实在是太稀缺了。由于人们的利己心理和司法的不足，可能会出现资源的所有者利用资源的稀缺性来迫使生产性信息所有者在谈判中让渡本应获得的合作剩余的情况。

在普通商品的交易场合，我认为起码有两种机制避免这一情况的发生：一是资源的相对稀缺性，二是市场的法治。

虽然经济学中假定资源是稀缺的，但是在一定时空下，一些资源也是相对富足的。资源的相对稀缺性保证了市场中可以存在大量的商品供给者和需求者，从而可以形成一个自由竞争的市场环境。大量的市场参与者彼此制约，就会形成一个一视同仁的价格。从而防止资源所有者利用自己的地位剥夺信息所有者应得的利益。

另外，如果将市场理解为一种自发的社会秩序，要真正有效发挥作用，必须要引入哈耶克所言的作为"一般性规则"的法治。最典型的比如政府对垄断行为的限制，尽管很多的垄断都属于自然垄断，可以产生规模经济效应，但是垄断企业相当于对某一种资源的独家占有，这就提高了资源与信息匹配过程中，资源所有者的谈判能力，所以垄断企业所产生的高利润也可以看作是资源所有者利用自身的优势地位剥夺了大部分的合作剩余。为了促进公平合理的价格形成，或者促进合作剩余的合理分配，就需要政府通过法治对垄断行为进行规制。

接下来考虑像古玩这种商品的特殊性，分析为什么行规在古玩的交易中是必要的。由于古玩极其稀缺，价值极高，是不可能出现上述自由竞争的市场环境的，也就很难产生一个一视同仁的价格。避免合作剩余"不合理"分配的因素之一"资源的相对稀缺性"就不再成立。

同时，古玩的民间交易是一个法治"失灵"的地方。尽管在我国《合同法》中，有关于"交易习惯"的说明，但是现代民法总把人看成"弱"而"愚"的人，天平不断向普通人倾斜，忽略了人其实也是"强有力的智者"。而行规不同于此，行规的态度就是对所有涉及古玩交易的人，只要不是积极欺诈，那就一视同仁，不管你是外行还是内行，有经验没经验，既然基于自己当时的意思达成交易，那就必须服从。因此，从这个角度看，行规其实在古玩交易中充当着"法治"的作用，弥补了现代民法在一些特殊交易场合应用不恰当的不足。

古玩界的行规是几代人摸索出来的，看似简单的行规，却起着无可替代的激励作用。马未都说过："我没那么神的，一眼看出结果。其实不是一眼，是最后一眼，因为之前看了好多眼。"每个人都想捡漏，古玩行家不知道经历了多少"腥风血雨"才练就了一副"火眼金睛"，用自己的能耐淘得宝贝是给他们的回报，应当给予充分的尊重。不必以"公平"为由而将天平不断向"弱"而"愚"的人倾斜，要知道，这样的"公平"是以损失多少效率为代价的。

（作者为山东大学经济研究院博士生）

白七爷"传家宝"信用担保的秘密

赵学军

　　当年，电视连续剧《大宅门》播出时，曾经轰动一时。《大宅门》描述了京城望族白家从清末到民国时期的跌宕起伏、悲欢离合的命运。电视剧中，白家开办了声势赫赫的"百草厅"药铺，其原型则是大清末年声名远播的同仁堂。

　　今天，同仁堂中医药文化已是国家级非物质文化遗产。提起国宝老字号"同仁堂"，没有几个中国人不知道的。"同仁堂"为浙江宁波乐氏家族所创。据记载，明朝永乐年间，乐家先祖迁居北京，整日以"游医"之身，摇着串铃走街串巷，以行医、卖小药谋生。到了清朝初年，乐家后人乐显扬做了宫廷太医院的医官。清康熙八年（1669），乐显扬创建了"同仁堂"药室。他广泛收集民间验方、宫廷秘方，研究药材配伍之理，"制药一丝不苟，卖药货真价实"，赢得了极高的社会声誉。其子乐凤鸣接管祖业后，继续总结前人的制药经验，编撰了《乐氏世代祖传丸散膏丹下料配方》，"祖传秘方"，刻下"炮制虽繁必不敢省人工，品味虽贵必不敢减物力"的家训，制作中药更是精益求精。同仁堂中药也以其高品质获得了皇家的信赖。1723年，雍正皇帝钦定同仁堂供奉清宫御药房。此后，历经八代皇帝，同仁堂独办皇家官药188年。

　　电视剧《大宅门》正是演绎了乐家同仁堂的故事。编剧郭宝昌曾在这个"大宅门"中生活了整整26年。笔者不想唠叨剧中人物的感情纠葛，只想谈谈白家二房、排行老七的白景琦如何利用信用担保借钱的。

　　话说白景琦与白家仇人詹王爷的格格私生女黄春私自成亲，败坏家风。其母"百草厅"当家的、白家二房奶奶白文氏十分恼怒，将二人赶出家门。白七爷带着身怀六甲的媳妇投奔到山东济南，因为他堂姐白玉芬嫁到了济南提督府，是府上的少奶奶。但白七爷生性高傲，生来万事不求人，不愿在落魄之时去见堂姐。于是夫妻二人找个破屋住下，虽然天天粗茶淡饭，但耗了些时日，也把带的盘缠钱吃光了。总不能让媳妇饿肚子吧，白七爷决定拿出上好的皮袍，去当铺借点钱。

他走进了裕恒当铺，直奔高高的柜台。当铺伙计抖开皮袍问："当多少？"白七爷答："十五两！"伙计冷冷地说："五两！"白七爷生气了："你识货不识货？"伙计满不在乎地说："不当你拿走，我敢说到哪儿你也当不出五两！"白七爷只得忍气吞声，准备当五两银子。可是，当铺伙计在写典当品时，吆喝出"写上：虫吃鼠咬，光板儿没毛儿，破面儿烂袄一件"。白七爷急了，夺过皮袍走出这家当铺。但他转了几家当铺，一家比一家当的钱少，最后只好又回到裕恒当铺，当了五两银子。

新中国建立前，像白七爷那样，遇到急事到当铺借钱的家庭，比较普遍。有学者说，当铺是穷人借钱的"后门"。鲁迅先生、巴金先生等文豪都写过到当铺当钱的心酸经历。高高的柜台、高高在上的当铺伙计，已给走进当铺者一个心灵碾压，当铺对典当品挑三拣四、无端压价，又给典当者一记羞辱。当铺势利、不人道的行规，其实是他们应对风险的手段。典当有"活当"与"死当"之分。如果是活当，典当物则是其向当铺借钱的信用担保品，典当者要在当期到期时前来赎当。典当者赎当时，当铺应当完好无损地将典当物归还人家。如果当铺对典当物保管不善，典当物出现损坏，当铺自然要承担责任。比如白七爷典当的那件上等的皮袍，如果真的虫吃鼠咬了，人家赎当时，当铺必须赔偿损失。但在典当时，如果当铺就写上典当品是"虫吃鼠咬，光板儿没毛儿，破面儿烂袄"呢？你来赎当时，还你虫吃鼠咬破面儿烂袄，当铺没有责任。有字为证，你告到衙门也赢不了官司。如果当期已到，典当者无力赎当，"活当"就成了"死当"，此时，当铺就可以变卖典当物，收回借出去的钱。变卖典当物的价值，至少应该相当于借出的本钱加上利息及保管费用。所以，当铺会竭力压低典当物的价值。白七爷自认为那件至少值十五两银子的皮袍，当铺只当给五两银子，即自我估价的三分之一。有资料表明，一般情况下，农户典当田地时，只能得到田地变卖价值的二分之一到三分之二。相比之下，生活用品典当时，能够借到的钱更少。

在电视剧《大宅门》中，白七爷第二次又到裕恒当铺借钱。不过，这次白七爷当钱的胃口很大，他要借两千两银子。典当品也不能再是上等皮袍了，那得需要多少皮袍典当？他家里有四百件皮袍吗？他又不是皮袍商人。这次白七爷要

了个花招——用"传家宝"当钱。

事情的起因是这样的。

无所事事的白七爷经过市场调查，觉得以自己手里"百草厅"的秘方，在当地生产阿胶大有可为。于是，他到了一家濒临倒闭的"吕记洨胶铺"打工，经过改良配方，竟让这家作坊起死回生。胶铺吕老板于是将胶铺交给了他。掌管吕记洨胶铺后，白七爷雄心勃勃，打算将沿河二十八家作坊都收购过来。这需要大笔资金，至少要两千两银子。此时的白七爷已与堂姐白玉芬相认，堂姐还带他到裕恒当铺讨回了皮袍。于是，吕老板建议他到提督府堂姐家去借。白七爷却说："靠别人的银子起家可不算本事！"但上哪儿弄这么多银子？

白七爷想出个鬼主意。他找来一个织锦缎盒子，用封条将其四面封住，写了年月日，盖上"百草厅"章，又用黄绫子一层一层包好。之后，他拿着盒子来到了裕恒当铺。

当铺伙计与白七爷已是熟人。白七爷说要用这盒子当钱。掌柜急忙打开黄绫子，问："什么宝贝？"白七爷答："这是我们白家的传家宝！"伙计看到这只织锦缎盒全贴着封条，想打开看个究竟。但白七爷却说："别动，这是宝贝。不能看！"伙计求着说："您总得让我看看，好给您估个价儿！"白七爷坚决不让看。伙计没法子，只好问："您想当多少？"白七爷开口就要两千两。伙计做不了主，到里屋找来了当铺吴掌柜。吴掌柜知道他的背景，只好说："您不叫看也行，我们这儿可没这规矩，谁叫您是白爷呢！您得告诉我是什么东西！"但白七爷坚决拒绝："不能说！说出来给我们家祖宗丢人！"吴掌柜只得说："那总得有个凭证，两千银子不是小数，我们铺子还是头一回！"白七爷回敬说："什么凭证？！白家老号的牌子就是凭证，信不过，我到别处去，信得过，你给我开银票！"见吴掌柜为难，白七爷说："就算我跑了，提督府跑不了吧？"吴掌柜知道他的社会关系，同意当钱给他。不过，白七爷怕当铺拆封，强调说："赎当的时候，我要是看见启了封，对不上碴儿，我是分文不还！"

就这样，白七爷用他家的"传家宝"当得两千两银子，顺利收购了二十来家阿胶作坊，设立了济南黑七洨胶庄，生意做得红红火火。当期半年刚到，白七爷就来归还当铺两千五百两银子。

该当铺归还典当品了。当铺伙计捧来了那个包好的织锦缎盒，白七爷将黄绫子一层层地打开，众人好奇地看着，想知道到底包着什么宝贝。白七爷仔细检查，看到盒子的横竖封条纹丝儿没动。却见白七爷突然把手一扬，将织锦缎盒扔出了窗外。吴掌柜大惊："哎哟，七爷！那不是你们白家的传家宝吗？"白七爷却坏笑着说："那盒里是七爷我拉的一泡屎！"

剧中这出戏出人意料，情节叫人瞠目结舌。当铺掌柜应该精明过人，难道轻易就上当了？如果细细品味，白七爷能够以一泡屎冒充传家宝，骗得当铺两千两借款，自有其信用担保的逻辑。

当铺接受典当品时，当然会评估其价值。在当铺看来，白家少爷带"传家宝"典当，这个"传家宝"可能就是白家的祖传秘方。"百草厅"的中药闻名中外，其祖传秘方是无形资产，自然价值连城。白七爷以白家"百草厅"的无形资产作了信用担保。既然是祖传秘方，当然不能示人，因为一旦泄露机密，祖传秘方就没有多少价值了。白七爷要求当铺不能打开织锦缎盒，不无道理的。当铺既然想做生意，就得先相信典当的白家"传家宝"是真的。这是这单生意的前提。如果白七爷不能归还两千两银子，当铺手里的白家祖传秘方至少能卖出这个钱数。

但白家少爷典当的"传家宝"也可能是假的。如果这个白家的"传家宝"真是假的，当铺并非没有应对之策。其一，当铺能够利用白七爷的"社会资本"挽回损失。当铺之所以信任白七爷，是因为他们看到了白七爷的社会关系，白七爷的堂姐白玉芬是济南提督府的少奶奶。如果不是因为当铺知道白七爷是济南提督府少奶奶的堂弟，他们必定要求白七爷当场拆开盒子，一验真伪，白七爷的诡计将立刻被戳穿了。上次能用皮袍当五两银子，这次只能换来一顿耳刮子了。社会关系是一种"社会资本"，他们相信白七爷用他的"社会资本"作了信用担保。一旦白七爷不能归还银子，当铺才发现白家典当的"传家宝"是假的，他们可以到提督府，找白七爷堂姐讨要。这少奶奶是要面子的人，应该能够讨回银两。其二，当铺能够找到白七爷的"法人"单位要求赔偿。因为白七爷提供的典当品盖着"百草厅"的"公章"，作为"总公司"，"百草厅"有责任为其分支机构偿还债务。

因此，不论白七爷典当的白家"传家宝"是真是假，当铺都有化解信用风险的手段。既做了生意，又交了人情，何乐而不为？

这正是白七爷以一泡屎冒充传家宝，当到当铺两千两银子的秘密所在。

（作者为中国社会科学院经济研究所研究员）

哪一年是最困难的一年?

党 印

　　每到岁末年初，总结与展望总少不了，个人的，单位的，行业的，地区、国家和全球层面的，涉及的面越广，进行总结与展望的人越多，观点也越多。但是近年来每年年初，关于中国经济的研判，总有一种观点，即"今年将是最困难的一年"。这让不少人感到困惑，到底哪一年才是最困难的一年?

　　按公开信息追溯，这一判断始于 2008 年，之后每年重复。温家宝总理曾于 2008 年和 2012 年作此预判，其他年度该预判乃出自学者或媒体人士。

　　为何始于 2008 年? 之前不困难吗? 这当然与 2007 年美国次贷危机及 2008 年蔓延至全球的金融危机有关。也表明，十年过去了，我们还没有从全球金融危机的阴霾中走出来。外部因素加上中国的周期性因素和结构性因素，使中国进一步发展的困难增多了。

　　但是我们又看到，从 2008 年开始，每年都有一些领域或一些企业异军突起，并快速发展，比如自媒体、团购、外卖、互联网金融、3D 打印、共享经济等。经济到底困难还是不困难呢? 其实，每年都有内外交困的企业，也有蒸蒸日上的企业，每年都有行业日暮途穷，也有行业逆风飞扬。企业与行业的兴衰如同森林里新老树木的更替，自然规律使然。当外部生长环境变化时，只有生命力足够强大才能撑过艰难时期。历史告诉我们，很多伟大的企业都诞生于经济困难时期，那些百年老店都经历了几次经济周期的洗礼。

　　为什么会出现"最困难"的预判呢? 预期管理也。降低对未来的预期，并凝聚人心，让大家埋头苦干，最后发现结果比预想的好，皆大欢喜。但是笔者发现，2008 年全球金融危机以来，欧美国家似乎没有"最困难一年"的预判。个别国家（德国、加拿大）只是在某年年末作年终总结时，认为度过了最艰难的一年。也即，我们认为"最困难"，是对未来的预测。个别欧美国家认为"最艰难"，是对过往的总结。这个对比发人深省。预期管理作为一种经济治理理念，始于20世纪50年代的欧美国家，按道理，在欧美国家应该更擅长更常用，强调即将面临的困难，但是金融危机以来却没有，这不禁令人深思。

我们注意到，欧美国家预期管理主要集中于货币政策领域，在其他领域应用较少。货币政策领域的运用方式是，公布利率或通货膨胀目标，通过各种手段实现预定目标。2008年全球金融危机以来，欧美国家又提出"前瞻性货币政策"理念，强化与市场的沟通，引导市场预期和走向。为什么其他领域没有强调预期管理？可能的解释是，货币政策实现目标，通常基于央行参与市场（比如公开市场操作），与市场多次博弈，较少基于央行的行政命令、其他政策（比如财政政策）实现目标，只需要发布行政命令，一级一级执行即可，政府部门督促政策的执行，不需要参与到市场中。我们可以认为，宏观调控中，涉及行政安排的事务，明确政策和执行程序即可。不确定因素越多的领域，越需要引导预期，进行预期管理。

货币政策实践中，中央银行除了公布利率或通胀目标，也会定期发布货币政策执行报告和研究报告，定期与媒体会面，这都是为了引导市场预期，从而实现调控目标。从这层意义上说，2008年全球金融危机后欧美国家提出"前瞻性货币政策"，顶多是重申货币政策将加强与市场沟通，引导市场预期，而这些正是货币政策实践中一直在做的，"前瞻性货币政策"的提法并无新意，且犹如"及时性新闻报道"，略显重复。在宽泛意义上，政府公布GDP增长目标、财政支出目标、广义货币M2增长目标，与公布CPI目标的本质是一样的，都是对未来的一种规划和承诺，将竭力通过各种手段实现这些承诺。更一般的，任何政策都是立足于过去并面向未来，都有前瞻性，任何政策的实行都要与市场沟通，都需要引导市场预期。因此可以认为，预期管理不仅适用于货币政策领域，也适用于其他领域。

中国政府越来越注重预期管理。以每年的政府工作报告为例，2000年以前很少出现"预期"一词，自2001年开始，除2002年外，每年都出现"预期"一词，并且出现的频率越来越高，在新世纪头十年平均每年出现3.2次，2011年以来平均每年出现6.5次，其中2016年和2017年各达8次。在具体表述上，

2010 年前只强调消费预期，2010 年以来增加了关于通胀预期、市场预期和社会预期的表述。同时，"引导"一词在政府工作报告中出现的频率也越来越高。20 世纪 80 年代平均每年出现 4.5 次，20 世纪 90 年代为 6.7 次，21 世纪头十年为 8.3 次，2011 年以来为 10.4 次，其中 2012 年高达 17 次，2017 年也有 11 次之多。这表明，中国进行预期管理的范围更广，政府与市场沟通越来越频繁。

从预期管理角度看，2013 年以来的经济热词有"三期叠加""新常态""区间调控"等，我们发现，这些热词均体现了政府对公众预期的引导。近年来房价调控中，在几轮供求管理之后，政策逐渐转向预期管理，不失为一种进步。因为只有预期因素同时影响供给和需求，单纯的限购限贷只会增加抢购动力。

但是，预期管理不能替代实际的政策和行动，只能是常规调控手段的补充。宏观调控如果过分倚重预期管理，无疑是本末倒置，将增加调控的难度。近年来媒体上除了"最困难一年"的噱头，还有"史上最难就业季""史上最难抢票年"等类似预测。这些预测一方面出自好意，类似于老师教育学生、将军率领士兵，强调形势严峻竞争激烈，从而防止疏忽大意骄兵之败，另一方面却吸引了眼球，提高了点击率并赚取了商业利益。由于这些吸引注意力的方式没有直接损害他人利益，因此未被明文禁止。但是，"最难"标题连续多年出现，不科学也不适宜，且有免责之嫌。任由这种引导预期的方式，政策的公信力将受到影响。

总体而言，稳定的制度和明确的目标会提供稳定的预期。政策推行过程中，不确定因素越多，越需要预期管理。在预期管理的实践中，既需要政府部门经常发声，也需要规范媒体引导预期的方式，谴责标题党式的炒作和断章取义的报道。唯有如此，公众才能多些平常心，少些不安和困惑。

（作者为中国劳动关系学院副教授）

语言与经济通则式研究二例

张卫国

通则式研究（nomothetic approach）也称一般规律研究，往往是相对于个案研究（idiographic approach，又称个体化研究）而言的。这一对词语最早来自德国哲学家、新康德主义弗莱堡学派创始人文德尔班（Wilhelm Windelband，1848—1915），意在区分以价值判断为基础的历史学和以积累实证知识为基础的自然科学，即区分"价值世界"和"事实世界"，是探寻知识的两种不同方法。根据"维基百科"，通则式研究建立在康德所描述的概括倾向（a tendency to generalize）的基础之上，是典型的自然科学研究，它侧重于一般性地解释客观现象之类型或种类的规律；而个案研究则建立在康德所描述的具体倾向（a tendency to specify）的基础之上，是典型的人文研究，它侧重于理解一些偶发的、具有独特性质的文化或主观现象的意义。

在自然科学和人文研究中，由于研究范式截然不同，通则式研究和个案研究可谓泾渭分明，丝毫不会让研究人员产生困惑。然而，在社会科学中，选择哪种方法进行研究却明显成了一个问题，因为社会科学的研究主体既包括具有独特性质的个体（个体化的视角），也具有一般性的特征或按照一般性规律行动（通则的视角）。目前通则式研究的提法常常在社会学或心理学研究方法中出现。语言与经济研究既涉及人文的语言，又涉及唯物的经济，也产生了"通则"和"个案"对立的问题，特别是近年来数据库技术发展迅速，基于数据分析的语言通则性研究逐渐成为语言经济研究的主流，相关话题也越来越多地引起了学者和大众媒体的关注。典型的语言经济学通则研究当说陈基思（2013）发表在《美国经济评论》上关于语法时态对国民储蓄等经济行为影响的研究（相关内容参见

《经济学家茶座》总第 68 辑中的《语言对经济行为的影响》一文），这里再为《经济学家茶座》各位客官介绍两项涉及语言和经济的有趣的通则式研究。

研究一：经济学视角下的语言文字变迁

语言使用是人类特有的行为。从低层次的一个个没有意义的语音到按照一定的语言规则结合在一起而形成的高层次的、有意义的词素和单词，人类将无序的语音转变成了语言体系。这便是语言学家所称的语言二重性。但是语言不是静态的，它的形成并不是人类故意创立的，而是一种自发演化的结果。正如哈耶克反复强调的，语言是一种自发秩序。以单词为例，一种语言中的某些新词可能是人为创立的，或是从其他语言借用过来的，但绝大多数的词语是演化的。当然，也存在着过时的或被废止的旧词；不过，有许许多多旧词在演化过程中被赋予了新的意义，或是其使用规则随着时间和空间环境的变化而改变。为了考察语言文字的成长史以及语言变迁中社会、经济等环境因素的作用，Reksulak，Shughart 和 Tollison 三位学者沿用了哈耶克的演化视角，研究了公元 252 年至 1985 年间英语词汇的发展。[①] 其研究目的在于检验英语的旧词新义是经济生活核心特征的一个函数。换句话说，语言的成长被假设为它至少部分地受到环境因素的影响，即尽管语言习得或许是人类与生俱来的一种行为方式，语言也会受到经济变量的约束和影响，语言的时空变迁在一定程度上是对人类互动行为性质与范围变化所做出的响应。如 Reksulak 等人所言，如果语言是一种演化的哈耶克自发秩序，研究经济变量对语言变迁的影响可以为理解自发秩序演化是如何在现实生活中进行的提供有用的见解。

为了完成这个貌似"不可完成的任务"，Reksulak 等人查阅了大量语言学文献。其中，《牛津英语大词典》（光盘版）记录了每一个单词最早的使用出处和年代。三位学者如获至宝，在此基础上统计了英语中历年出现的新词，计算出词汇的增长率和废弃率等等，建立了公元 252 年至 1985 年间英语单词的年代时间序列，使该研究成为可能。

---

① Reksulak，M.，Shughart II，W. & Tollison，R. 2004. Economics and English：Language Growth in Economic Perspective. Southern Economic Journal 71(2)：232—59.

不过，既然是经济视角下的语言变迁研究，单有作为被解释变量的语言数据是远远不够的，进而三位学者考虑了人口、财富、政府以及贸易等变量对英语语言发展的影响。事实上，一个更宽泛的模型里还应包括人力资本、技术变革、国际移民、英语出版物的国际分布等。但是想要找到 19 世纪中叶之前的经济和人口数据是非常困难的。因此，鉴于其他变量的数据收集问题，Reksulak 等人使用了英国的国民生产总值（1830—1985 年）、人口数量（1541—1980 年）、进出口额（1830—1969 年）以及政府收入与支出（1830—1970 年）作为解释变量。所有的货币值均以 1900 年英镑不变价计算。研究发现，政府收入与支出的增长（即政府规模的扩大）阻碍了语言的发展，英语新词的数量与人口和国民生产总值呈负相关关系。除此之外，英语中词汇存量还显著地受到对外贸易的影响，并呈现出经贸往来导致了旧词新义的单方面因果关系。这一结果为语言的网络效应特征提供了证据，有数据显示至少在文章数据支撑的时间段里（1830—1969 年），英语词汇的增量随着人口和经济的增长而下降。用 Reksulak 等人的话来讲，这说明语言是一种"网络性"物品（network good）。

总之，Reksulak et al.（2004）开创性地研究了一个有趣的现象，他们验证了词汇变迁与经济间具有较强的相关性，但文章证据更多地停留在技术和数据层面。至于其背后的理论机制，作者并没有过多地提及，只给出了粗浅的假定，即经济活动的增加对交流和交易模式的丰富性与复杂性提出了更高的要求，进而导致并促进了语言基础的改变。对这一解释，无疑还存在着诸多争议，特别是对于语言学家而言，该研究忽略了太多的深层次的语言学因素。为了避免更多的争议，三位学者谦逊地说，该研究的目的"旨在说明语言发展研究中经济学是有用武之地的，让进一步的补充性解释留给后人来做吧！"

研究二：语篇分析金融：量化言语信息来衡量上市公司的基本面

如果说，Reksulak et al.（2004）用经济学方法分析了语言词汇变迁与人口、经济及贸易增长关系这一宏观性话题，下面这项发表在《金融学杂志》（*Journal of Finance*）上的研究则关注金融新闻报道中的词汇使用对上市公司财务盈余和

股票回报这样一个具体的微观金融问题。①

金融学研究中，大量文献探讨了股票市场价格中所蕴含的定量信息问题。虽然少有人研究定性的言语信息在其中的影响和作用，但相关研究也具有一定的理论和实践基础。理论上，有效的企业估值应该等于它们预期现金流折现值条件下投资者的信息集，其中包括有关上市公司的定性描述，如经营环境、业务以及金融媒体报道中的前景等。现实中，上市公司股票价格的大幅变动似乎不会随着其基本面（firms' fundamentals）定量测度的变化而变化，这表明一些定性变量有助于解释股票回报。正是基于上述观察，Tetlock et al.（2008）的这项研究对一些定性的言语信息进行量化，特别研究了 1980 年至 2004 年间《华尔街日报》（Wall Street Journal）和《道琼斯新闻服务社》（Dow Jones News Service）关于标准普尔 500 指数公司（S&P 500）报道中负面词汇对其股票收益的影响，并考察了词汇的使用是否可以用来改善人们对上市公司未来现金流的预期。

看起来这项研究似乎更有趣，但做起来并不轻松，否则也不会发表在金融学顶级杂志上。那么，言语信息是如何量化的呢？先举个直观的例子。1999 年 1 月 8 日《道琼斯新闻服务社》的一篇报道，题目是"消费者说：微软对其软件收费过度"（Consumer Groups Say Microsoft Has Overcharged for Software）。该报道开门见山地说："美国消费者联合会研究中心主任马克·库珀说，'如果微软公司不被法院反垄断裁定严厉地处罚，所谓的定价滥用情况只会变得更糟糕'。"根据《哈佛分类词典》（General Inquirer's Harvard-IV-4 classification dictionary），原文 29 个英语单词中有 5 个词语属于负面词汇［分别是 alleged（所谓的）、abuse（滥用）、worse（更糟）、sternly（严厉地）和 antitrust（反垄断）］，占全句单词的 17.2%，这一比例超出了作者所收集的 1998 全年新闻报道数据库 99% 的文章中负面词汇占比的临界值。此句的负面语气贯穿了整篇报道，不仅直接影响了人们对新闻故事的解读，而且这种报道中负面词汇的多寡与微软在该新闻事件前后的股票回报率相一致。

长话短说。具体地，在控制了上市公司的基本特征（包括公司规模，交易量，账面市值比，净值市值比，盈余惯性以及新闻报道当天、前两个交易日、上月和上一年股票的异常收益）和企业价格风险因素的协方差等变量之后，Tetlock

① Tetlock, P., Saar-Tsechansky, M. & Macskassy, S. 2008. More Than Words: Quantifying Language to Measure Firms' Fundamentals. Journal of Finance 63(3): 1437—1467.

等人对新闻报道中负面词汇与公司盈利进行了回归分析，总观测值达 20 余万个。研究发现：第一，负面词汇与上市公司盈利负相关，其影响甚至要高于分析师预测和历史财务数据对公司盈利的影响。这意味着，定性的言语信息并不仅仅是对上市公司传统绩效量化简单的反馈，且它们也不是可有可无的。第二，股票价格对负面词汇信息嵌入的反应存在延迟现象。第三，基于公司基本面的进一步分析结果表明，和其他方面的新闻报道相比，公司基本面的负面报道对上市公司绩效的影响更大，因此公司基本面报道中的负面词汇对于预测上市公司的收益和回报特别有用。总的来说，上述三点发现表明，语言媒体内容捕捉到了与股票价格密切相关的上市公司基本面特征，而一些基本面特征是传统方法难以量化的。

与 Reksulak et al.（2004）的研究不同，Tetlock et al.（2008）的这项研究在理论机制阐述上做得更扎实。一般而言，大多数上市公司的研究往往专注于某一特定事件类型，如盈利公告、公司重组或分析师建议等，而通过量化言语信息，研究人员可以检验任意事件的定向影响。分析更为完整的影响公司基本面价值的活动事件，可以使研究人员识别企业和市场对相关事件的常规性反应。此外，言语信息交流还是获取公司基本面特征的一个潜在的和重要的信息来源。现实生活中，股市投资者很少能观察到企业的生产活动，他们所能得到的大部分信息是二手信息。这些消息的来源有三个：一是分析师的股市预测，二是公开披露的公司财务状况，三是公司当前和未来盈利活动的新闻描述。在这种情况下，焦点问题就来了：如果财务数据公开披露不完整，而股票分析师又具有一定的主观偏见或是出现分析失误，语言变量在公司未来收益和回报上的补充解释力就变得更强。从这个意义上讲，该研究增强了人们对上市公司现金流动及盈利的预期和理解。

值得一提的是，这项研究开辟了金融研究的一个新领域——"语篇分析金融"，它表明语言媒体传递的信息超越了标准的数值报告，量化新闻故事中的这些媒体情绪能预测股票收益。目前，诸如道琼斯（Dow Jones）、汤姆森路透社（Thomson Reuters）和彭博（Bloomberg）等主要金融信息提供商都使用了 Tetlock et al.（2008）首创的方法作为衡量和审定各自新闻语言语气的标准。自 2009 年以来，汤姆森路透社还创办了这一领域相关学者和从业人员的年度"新闻分析研究圆桌会议"（News Analysis Research Roundtable）。该研究的影响力可见一斑。

（作者为山东大学经济研究院教授）

人口老龄化影响资产价格

耿志祥　孙祁祥　郑　伟

在网络上传播甚广的一篇题为"让我们快乐优雅地老去"的文章中，作者北京大学孙祁祥教授如此描述了生命过程的形态和意义，"生命的每一个过程都是美好的：婴儿的童趣、少年的狂野、中年的潇洒、老年的神闲，这是一个完整生命的构图。既然生命是由一个个过程所组成的，那么，尊重生命就要尊重生命的全过程"。"没有死亡，就没有新生；没有老人，就没有婴儿。从童年到青年，从中年再到老年，正是老人构成了自然生命中生命的完整意义。而由于'老人'对社会曾经做出贡献和在晚年时由于'心有余而力不足'而透出的那份'无奈'，他们有千万个理由得到更多的人文关怀。应当说，一个社会的文明程度正是在这个阶段才更能体现出来：全社会对老人的珍重就是对文明的膜拜；年轻人对老人的善待，就是对自己的钟爱。"而"除非发生意外，每个人都会经历'老'的过程——虽然'老'的状态可能因人而异。虽然老是无法抗拒的，但生活态度和生活方式是可以选择的，那我们为什么不去选择一种更好的方式？要我选，我就选快乐、优雅地老去！"

然而，随着人们预期寿命的大大延长，社会生活竞争压力也随之增加，如果我们不能有效地解决许多现实问题，"快乐优雅地老去"就只能成为一种美好的愿望。在人口老龄化加速的背景下，目前人口老龄化对经济生活的影响已经成为人们普遍关心的话题，如果人口老龄化造成了资产价格的下跌并且具有长期性，由此产生了通缩效应，这不仅会给经济增长带来巨大挑战，还会影响到人们的财富积累，进而影响到人们的心态变化。由此可见，人口老龄化对资产价格的影响是一个不可忽视的重要课题。

一、人类社会的人口老龄化趋势

根据联合国《人口老龄化及其社会经济后果》确定的人口老龄化划分标准，当一个国家或地区65岁及以上老年人口数量占总人口比例超过7%时，则意味着这个国家或地区进入人口老龄化。按照上述标准，根据联合国人口司的估计，世界从2002年正式进入人口老龄化，且65岁以上老龄人口占比将从2015年8.3%一直上升至2050年的16%，之后将一直呈现加速上升趋势。

改革开放30多年来，我国经济经历了飞速的发展，人民生活水平和医疗卫生保健得到了巨大改善，人口平均预期寿命大大延长。建国初期，全国人口平均预期寿命45岁左右，而2015年我国人口平均预期寿命达到76.34岁，与此同时，根据联合国人口司的估计，我国的总和生育率从1950—1955年的6.11下降至2010—2015年的1.55，下降速度超过了世界平均水平（世界平均总和生育率从4.96下降至2.51）。人口平均预期寿命的延长和生育率的下降，使得我国人口老龄化进程迅速加快。按照联合国人口老龄化划分标准，我国从2000年正式迈入老龄化社会。2000年第五次全国人口普查数据显示，我国60周岁及以上人口为13076万人，占总人口比例为10.3%；65周岁及以上人口为8811万人，占总人口比例为7.0%。另据国家统计局发布的《2015年国民经济和社会发展统计公报》显示，截至2015年年底，我国60周岁及以上人口为22200万人，占总人口比例为16.1%；65周岁及以上人口为14386万人，占比为10.5%。以上数据清晰地显示，我国人口老龄化程度超过了世界平均水平（世界60周岁和65周岁以上人口占比分别为12.3%和8.3%），正在朝"深度老龄化"社会发展。

二、人口老龄化对资产价格的影响

人口老龄化程度的提高会对经济发展的诸多方面产生影响。例如，人口老龄化会对养老金的收支可持续性形成巨大挑战，人口老龄化程度的提高可能使生产率逐步下降，等等。然而，人口老龄化对资产价格会产生什么影响呢？

关于人口老龄化对资产价格的影响，目前主要有两种假说：生命周期投资假说与生命周期相对风险规避假说。生命周期投资假说认为，当人口结构比较年轻

化时,人们对住房投资的需求增大,因此,住房的价格会上升;而当人口结构比较老龄化时,人们对金融投资的需求会上升,对住房的投资需求下降,从而导致住房的价格下降。生命周期相对风险规避假说认为,投资者对风险规避的程度会随着年龄的提高而增加,老龄化社会的风险溢价会更高,老年人会更愿意持有流动性好且比较安全的资产。因此,人口结构的变化会影响资产需求,进而影响资产价格。Bergantino 研究发现人们退休时往往卖出手中持有的证券来应对老年退休时的消费,而住宅占净财富比例会随着年龄的增长而下降,股票占净财富的比例随着年龄的增长呈现倒"U"型变化。

Poterba 在研究人口结构与资产价格的关系时指出,美国在 1946 年至 1964 年出现的婴儿潮推动了 1980 年至 2000 年之间的股市繁荣,因为婴儿潮这批人为退休而储蓄,他们对资产的需求很庞大。需求的上升会推动资产价格的上涨,但这批婴儿潮将在 2011 年迎来第一批退休者,退休者会降低风险资产的持有,因而退休的一代会给股市的下跌形成巨大的压力,有可能导致股市的崩盘,即所谓的"资产市场崩溃假说"。但在他建立的两期模型中,年轻人的储蓄率被假设为常数,资本的供给为常数。实际上,在一个现实的经济体中,储蓄会动态地变化和调整,资产的价格会影响资产的供给。Abel 研究表明资产供给的状态会影响人口结构对资产价格的效应,他研究发现婴儿潮导致对股票的需求会大大增加,会推高股票的价格,之后,股票的价格会下降至均值水平。Poterba 研究人口老龄化与金融市场时通过数据统计发现 40—64 岁人口比例的变化与标准普尔 500 指数的变化高度正相关,当总人口中 65 岁以上人口占比较大时,这些退休者会卖出手中的金融资产,变现的收入用于退休时的消费,因而资产价格会下降。

实际上,人口老龄化程度的提高主要通过储蓄和投资渠道影响资产价格。生育率降低和平均预期寿命延长都会提高人口老龄化程度。其中,生育率降低会伴随着劳动年龄人口的减少,这会影响总工资收入,而总工资收入会影响总储蓄和总投资,进一步,这会影响对资产的投资需求,从而可能使资产价格步入下跌通道。根据生命周期储蓄假说,一方面,平均预期寿命延长会影响年轻人的预防性储蓄需求,而这又会影响总储蓄和总投资水平,进而影响资产价格;另一方面,平均预期寿命延长意味着老年人口占比的上升,这又会影响到总储蓄和对资产的投资需求,进而影响资产价格。因此,平均预期寿命延长对资产价格的影响取决于上述两方面的净效应。

因此，从资产价格的动态变化视角来看，当生育率下降带来的劳动年龄人口减少时，总工资收入下降。总工资收入下降导致总的储蓄和投资需求下降，从而资产价格下降；进一步，随着总投资的减少，会使资本存量的积累下降，资本需求的缺口增加，这又会推动资产价格上涨，因此资产价格产生了均值回归过程。在长期，当生育率水平处于一个相对较低水平时，资产价格也处于一个较低水平。而平均预期寿命的延长主要通过两个渠道对资产价格产生影响：一方面，平均预期寿命的延长使得老年人口数增加，根据前面两种假说，这会使得资产价格下降；另一方面，平均预期寿命的延长使得年轻人的预防性储蓄增加，增加的储蓄转化为投资，即对资产的投资需求增加，从而推动资产价格上升。因此，平均预期寿命的延长对资产价格既有上升效应，也有下降效应，当平均预期寿命延长带来的人口老龄化程度大大提高时，其对资产价格的下降程度超过了预防性储蓄效应时，资产价格下降；反之，资产价格上升。在长期均衡时，两者效应在不同时期对资产价格的影响相互抵消，长期均衡的资产价格取决于生育率水平的高低，独立于平均预期寿命的变化。

目前，一个国家和地区往往是生育率降低和预期寿命延长同时发生。一方面，生育率低会降低当期资产价格；另一方面，预期寿命延长既有可能推高当期资产价格，也有可能降低资产价格。因此，它们对资产价格的净效应取决于它们各自对资产价格影响的强弱。如果生育率降低的幅度较大，而预期寿命延长带来的资产价格上升或下降幅度较小时，那么，当期资产价格很可能下降；反之，当期资产价格很可能上升。但在长期，由于资产价格独立于预期寿命变化，此时的资产价格由生育率水平决定，因此，生育率如果处于较低的水平，那么，资产价格也会处于相对较低的水平。这对于低生育率或陷入"低生育率陷阱"的国家和地区而言，采取一些提高生育率水平的政策和鼓励措施是当务之急。但事实上，由于生育成本（包括直接成本和间接成本）以及生育观念的转变，生育率很难在短期内提高，如当前的一些欧洲国家和日本等。

因此，在短期，人口老龄化对资产价格的影响既有上升效应，也有下降效应。但在长期，人口老龄化程度的提高会降低资产价格水平，如果下降具有长期性，就有可能产生资产价格的通缩效应。一旦资产价格产生通缩效应，这将对经济增长产生很不利的影响，甚至会使经济陷入长期停滞或倒退。那么，如何应对人口老龄化带来的不利影响呢？我们的研究发现全要素生产率（TFP）的提高可

以增加人们的收入，使得总储蓄和总投资增加。总投资的增加会推动资产价格的上涨。当全要素生产率的增长率处在较高水平时，资产价格也处于较高水平。因此，提高 TFP 可以有效应对人口老龄化带来的资产价格通缩效应。

三、OECD 国家的例子

在长期，资产价格的增长率变化取决于 TFP 增产率变化与生育率增长率变化的净效应。例如，在 OECD 国家，很多国家在 20 世纪 50 年代就已经进入了人口老龄化社会。其中，每个国家的 TFP 数据来自佩恩表 8.1（PWT8.1），生育率数据来自联合国人口司。在 1960—2011 年，G7 国家（加拿大、法国、德国、意大利、日本、英国和美国）的 TFP 和生育增长率的净效应都为正，因此，长期股票价格指数都是上涨趋势，这与我们实际观察到 G7 国家的长期股票价格指数变动趋势相一致。而日本在 20 世纪 90 年代，房地产和股市泡沫破灭，资产价格一直处于通缩阶段，持续的时间已有 25 年，很多人说这是因为泡沫破灭的影响，但泡沫破灭的影响不可能持续这么长时间。实际上，日本的 TFP 从 1950 年的 0.45 一直上涨至 1970 年的 0.93，后进入缓慢震荡上升阶段，从 1990 年开始下降，到 2011 年，TFP 下降了 8% 左右，而此阶段的 65 岁以上老龄人口占比则从 11.9% 上升至 23.6%，人口老龄化的快速加剧不仅影响了 TFP 水平，也影响了总储蓄和对资产的投资需求。与此同时，生育率由 1985—1990 年的 1.66 下降至 2005—2010 年 1.34，2010—2015 年小幅度上升至 1.4。显然，TFP 降低、预期寿命延长和生育率降低对资产价格作用的净效应为负。因此，日本人口老龄化的加剧和 TFP 降低可认为是资产价格通缩的原因之一。

四、我国未来资产价格趋势

我国从 2016 年 1 月 1 日开始全面放开"二孩"政策，生育率在未来的几十年中可能会相应地提高。根据联合国人口司的估计，我国生育率水平将从 2010—2015 年的 1.55 一直上升至 2045—2050 年的 1.74。生育率的提高会推高资产价格。而平均预期寿命延长使得我国 65 岁以上人口占比从 2015 年的 10.5% 一直上升至 2050 年的 27.6%，老龄人口占比的大幅度提高很可能使资产价格的下跌效应占主导（超过了平均预期寿命延长带来的预防性储蓄增加引起的资产价格的上升），如果生育率提高带来的资产价格的上升超过了此主导效应，可能就不会产生资产价格的通缩效应。然而，这种主导效应很可能超过生育率提高带来的资产价格的上升，从而使得资产价格步入下跌通道，而我国人口老龄化还一直处于加速发展态势。因此，人口老龄化很可能产生资产价格的通缩效应，进而给经济增长造成很大的不利影响。为了应对此不利影响，我国国民经济和社会发展的"五年规划"可以考虑将 TFP 增长率目标列入其中，以应对人口老龄化对资产价格产生的通缩效应。

（作者耿志祥为北京大学经济学院博士研究生；孙祁祥、郑伟为北京大学经济学院教授）

投资者认知能力和金融泡沫

宗计川　　包　特

资产价格泡沫是一种在金融市场上被广为关注的现象。一般认为，泡沫是指资产价格持续地偏离基本面价格，特别是持续高于基本面或者理性预期均衡价格。对于泡沫成因的理论解释有很多种，其中比较著名的是由美国经济学家DeLong等人提出的"噪声交易者"理论，这个理论假设市场上除了根据基本面价格进行交易的理性交易者，还存在大量非理性的"噪声交易者"。和理性交易者不同，噪声交易者一般不太关注资产价格的基本面信息，而是提交一些想当然的报价和交易数量，或者采用简单的、追涨杀跌式的跟风交易策略。

那么，是什么原因导致了噪声交易者的交易策略不够理性呢？交易者策略的理性水平和他们的认知能力水平有关系吗？法国尼斯大学经济学教授花木伸行（Nobuyuki Hanaki）等人的研究表明：交易者的认知水平的确会影响他们的交易策略和实验市场的价格稳定性。

在这个实验里，认知能力是通过认知反射测试（Cognitive Reflection Test）衡量的。这个测试由美国心理学家弗雷德里克提出，由三个智力测验题构成。如"一个球拍和一个球共计1.1元，球拍比球贵1元，请问球的价格是多少钱？"如果回答者想当然地回答，通常会说0.1元，但实际是0.05元。实验组织者根据回答者的得分把他们分为高认知能力者和低认知能力者，然后分配到各个实验市场中去。在每个市场里，交易者知道市场中高低认知能力的参与者的组成比例。实验市场的交易规则来自于诺贝尔奖得主弗农·史密斯在1988年的经典"金融泡沫实验"文章。参与者通过与实际股票交易所相同的"双向拍卖"制度——一种非常简单的虚拟资产交易，在10期左右的实验里每期会收获一个红利，除此之外在实验结束时并没有赎回价值。这样，每一期这种资产的基本面价值就是剩下所有期的待付红利总额。应该说，这种资产的基本面价格比现实中的股票和证券价格简单得多，也非常容易计算。但经济学家发现，在这种市场里，价格总是倾向于在开始时高于基本面价格，然后在实验结束前急剧下跌，产生非常明显的"泡沫—破裂"模式。这个实验的结果显示，主要由高认知能力交易者组成的市场泡沫水平最小，主要由低认知水平交易者组成的市场泡沫较大，而一半高认知能力交易者，一半低认知能力交易者组成的市场泡沫最大。作者认为原因可能是在"一半一半"市场中，交易者可能面临更大的策略不确定性，且高认知能力交易者可能通过误导低认知能力交易者赚钱，所以价格更不稳定了。

在实际市场里，交易者预期对于资产价格也有重大影响。为此，我们最近在东北财经大学做了一个实验来进一步检验认知能力对于个体预期策略和模式的影响。我们发现：如果通过认知反射测试把交易者分为高认知能力者和低认知能力者，高认知能力者在市场中更容易采用有利于市场价格稳定的适应型预期（adaptive expectations），而低认知能力者在市场中更容易采用催生泡沫的趋势跟踪型预期，也就是我们常说的"跟风"。我们的研究和上面提到的研究都表明：认知能力对于交易者策略和市场稳定性都有巨大影响，如果要提高金融市场稳定性，监管部门也许应该更多调查和了解交易者的认知能力，并且根据调查结果调整相关的监管和金融知识普及工作。

（作者宗计川为东北财经大学金融学院副院长、经济学实验室主任；包特为新加坡南洋理工大学经济系助理教授）

失业率的性别差异与女性"婚育惩罚"

刘 靖 张 琼

相比于一个多世纪以前，如今女性在职场上的活跃身影有目共睹。接受更多教育、养育孩子数量减少、服务业蓬勃发展带来更多就业机会，以及其他为争取"半边天"的不懈努力，都是女性得以走出家门在另一方天地中大施拳脚的重要原因。然而，劳动力市场对女性并不十分友好的现实也为众人所熟知：女性相比于男性而言更难找到工作、挣得更少、升职更慢甚至面临升职"玻璃天花板"，等等。由于很多研究证实"失业"是诸多不幸遭遇中最让人倍感痛苦的事件之一（想象一下，想工作而找不到工作将是多么受伤的经历），失业率的性别差异意味着女性决定并积极寻找工作之后，其就业的可能性仍然低于男性；因此我们在这里探讨男性和女性的"失业率"差异以及背后可能的解释因素。

失业率存在性别差异的现象在很多国家都有，只是程度有所不同。根据国际劳工组织所发布的数据，发达国家（如美国和日本）的女性与男性的失业率差异相对而言较小一些，而发展中国家（如牙买加和多米尼加）的失业率性别差异则比较大（超过 20 个百分点）。虽然有些国家（如比利时、法国和古巴）于 20 世纪八九十年代在缩小男性和女性的失业率差异方面取得了一定成效，但过去几十年间很多国家性别失业率差异越来越明显。对我国而言，虽然在过去几十年间服务业迅速发展，在提升女性地位、推动男女平等和同工同酬等方面也成效显著，但男性和女性的失业率差异长期持续存在，且近十多年来在降低女性失业率方面所取得的成就更低。

就目前来看，解释失业率的性别差异现象的因素有很多，包括：企业和产品竞争加剧使得劳动力市场越来越紧张；缺乏公平的劳动保护法律体系；雇主认为女性平均劳动技能和素质比男性更低而倾向于雇佣男性，以降低可能雇到非称职员工的风险，避免承担再次寻求合适员工的搜寻成本；"女子无才便是德"的传统观念使得女性或被动或主动地接受更少的教育。"女主内男主外"的社会认知使得女性或者在职场上有意识地隐藏其积极主动的工作表现，或者其工作是否称职与努力程度不能被如实评价。因为生育和抚养孩子以及照顾老人等家庭责任，女性可能择业积极性更低，更频繁地进入和退出劳动力市场，以及要求"家庭友好型"工作环境等。

我们基于中国家庭动态调查 2010 年的微观调查数据发现，即便控制了个体自身特征、家庭背景和地区经济变量后，女性失业率仍然显著高于男性；且年龄越大时女性相比于男性的失业风险越高。此外，我们发现生育和抚养孩子（尤其是抚育 0—12 岁的幼儿及适龄儿童）显著地增加了女性的失业可能性，但对男性而言则没有影响。更细致的分析结果显示，就女性和男性的特征（包括个体自身特征和家庭背景）因素而言，女性的失业风险本来低于男性的失业风险，但这主要源于家庭背景即女性个体的男性配偶的影响，背后折射出的仍然是男性在就业市场上的优势地位。"结婚"和"孩子"对于女性而言不仅意味着更繁重的家庭责任，降低了她们找工作的努力程度，从而找不到工作的风险增加；更糟糕的是，这有可能形成一个"恶性循环"：已婚已育的职场女性因为种种原因更可能在"工作"和"家庭"之间向后者妥协，向雇主们传达了她们不如男性努力工作、生产率更低的不利信号，更加强化了雇主们对于"女性结婚和生育责任阻碍职业发展"的刻板印象，进一步降低了其他女性被雇佣的可能性。就行业因素而言，服务业虽然对男性和女性一视同仁，但女性相对而言更具有比较优势，从而在服务业发达的地区女性找到工作的可能性更高；相反，建筑业和各种职业技术行业中男性不仅相对更具有比较优势，这些行业排斥女性的倾向也更加严重，因此这些行业发达的地区失业率的性别差异也更加明显。整体而言，女性即便受益于其男性配偶，其相对劣势的自身条件（受教育程度更低）、被赋予更多的抚育孩子和照顾老人的家庭责任，以及劳动力市场对其相对不利的认可，最终也未能避免其在劳动力市场上面临相对更高的失业风险的处境。

我们的研究或许有利于理解为何很多国家即便没有生育限制，生育率也持续走低，甚至各种鼓励生育的政策实际效果甚微；或许也有助于理解我国"单独二孩"和"全面二孩"政策放开之后，所担忧的生育高峰并没有如期而至。婚姻

和抚育孩子对于人类种族的延续和社会福祉而言意义重大，孩子作为传统社会中的"家庭物品"，父母双方均受益。而随着社会分工不断深入，孩子更成为"公共物品"，整个社会也从这些未来的创新主体、潜在的雇员和纳税人中受益；抚育孩子的成本却主要为女性所承担。劳动力市场上对已婚已育女性的不友好态度，很可能抑制职业女性的生育意愿。女性推迟婚姻甚至选择不结婚，这对于社会的稳定和发展是非常不利的。

（作者刘靖为中央财经大学经济学院副教授；张琼为中国人民大学公共管理学院副教授）

农民工子女随迁利国利民

胡　霞　丁　浩

　　留守儿童作为弱势群体，一直为社会各界普遍关注。尽管近年来相关政策日趋完善，农民工随迁子女数量显著上升，但 2015 年我国义务教育阶段还有 2000多万留守儿童，如果加上学龄前儿童，留守儿童的数量还会增加。解决留守儿童问题，让农民工的孩子在父母身边学习和成长，不仅能缓解他们两地分隔的痛苦，消除留守儿童被隔代抚养的隔阂，还有助于积累面向未来的人力资本，以及扩大内需。从这个意义上来说，如果进一步完善相关政策，尽可能促进更多的农民工子女随迁，将是一件"利国利民"的大好事。

一、农民工子女随迁"利国利民"

　　劳动者的教育、健康等作为人力资本的重要组成部分，对一国经济长期发展至关重要。随着经济结构的转型升级，未来对劳动力质量的要求也将进一步提升。当前，城市的教育质量比农村更高，营养摄入也更为充分，而外出务工的人员的农村老家则可能是贫困的地区，留守儿童在此学习和生活不利于积累人力资本。历史经验表明，在儿童成长的早期进行教育干预产生的效果较好。2000 年诺贝尔经济学奖获得者詹姆斯·赫克曼教授曾发表过一篇《儿童福利的经济学》(*The Economics of Child Well-Being*) 的论文，研究发现，对贫困弱势儿童的早期干预，包括提供营养补充品、基本社会服务和卫生保健等，这些获得帮助的孩子比其他贫困儿童在成年后的教育、收入和就业方面的表现都明显更好。因此，如果留守儿童能成为随迁子女，在城市接受教育，他们将可以积累更高的人力资

本，成为未来更高素质的劳动者，有利于我国未来经济发展。

除了改善我国未来的人力资本，农民工子女随迁还有助于我国扩大内需，促进产业结构转型升级。一是子女随迁能够增加农民工在城市的工作时间，他们不用担心要回农村老家照顾小孩儿，这不仅能直接增加他们的务工收入，还能够提高他们收入的稳定性，增加持久性收入。根据弗里德曼的持久性收入理论，持久性收入增加，农民工在城市的消费才会增加，从而有助于我国扩大内需。二是与农村居民相比，城市居民的恩格尔系数更低、服务业消费占比更高，因此，如果农民工子女随迁，将能够改变农民工在城市的消费结构，使他们从仅仅维持食品、居住等生存性消费，到更多地进行教育、医疗等"高层次"消费，这有利于城市服务业的发展，进而可以带动产业结构转型升级。

此外，农民工子女随迁还可以降低城市居民的生活成本。相关研究发现，当前对于留守儿童的担心，是许多农民工回迁的重要原因。近年来，我国在本乡从事非农工作的本地农民工数量增速较快与此不无关系。农民工回迁将使得城市农民工数量减少，无疑将会提高相关产品和服务的价格，城市居民的生活成本也将随之增加。实践证明，城市的良好运转既需要高技能劳动力，也需要低技能劳动力，不仅需要企业家、白领、公务员，也需要蓝领工人、保安、保姆、快递员和修理工。因此，在不挤占城市资源的前提下，让更多的农民工子女随迁，可以增加城市劳动力的供给，降低城市居民的生活成本。不仅如此，农民工子女随迁还能提高城市的平均收入水平。因为子女随迁可以提高农民工工作的稳定性，不用担心随时可能离开城市，并通过城市的学习、分享和匹配等机制，可以产生技能互补效应，即高技能的劳动者可以将家务性活动外包给农民工，自己则有更多自主的时间发挥自己的比较优势，增加自己的收入，同时也带动提高农民工的收入，这样的良性循环持续下去，有助于同时提高城市居民和农民工的收入水平。

除了上述经济方面的好处，农民工子女随迁还有丰富的社会意义。随着城市化的持续推进和农业机械化的发展，预计留守儿童成年后在农村务农的可能性不大，他们中大部分的未来去向只有一个——城市。如果他们在农村完成学业之后再进入城市工作，可能和现在的农民工一样，仍面临城市融合和社会认同的问题。因此，农民工子女随迁可以让他们尽快适应城市生活，促进城市融合，缓解城市内部社会分割的问题，也有助于提高城市居民的幸福感和生活质量。另外，更为重要的是，子女随迁能极大提高农民工家庭的幸福感。对留守儿童来说，长期与父母分离，隔代抚养造成的亲情缺失对他们的身心健康和学业都是极为不利的，导致过早辍学、犯罪等现象经常发生。因此，相比其他方式，农民工子女随迁是解决留守儿童问题最好的途径。令人振奋的是，相关政策正日益完善，中央政府已经提出将"钱、土地、项目"指标与各地的农业转移人口相挂钩，有望激发地方政府积极性，进一步推进农民工子女随迁。

二、如何缓解农民工子女随迁的负面影响?

成本—收益分析是经济学的重要分析范式，因此，除了上述经济和社会方面的好处，我们不能忘记农民工子女随迁在短期内还可能带来一些负面影响。下面是我们常常担心的几个问题。第一，农民工子女随迁可能会增加城市的交通拥堵、环境污染和犯罪。第二，农民工子女随迁的"钱"从哪里来? 第三，农民工子女随迁会不会挤占当地的教育资源? 比如中考和高考指标。

对于第一个问题可以通过完善城市规划、进行产业结构转型和加强综合治理等方式来逐步解决，限制农民工子女随迁并不是最好的解决办法。

第二个问题我们往往过于担心，实际上可以通过中央政府、地方政府和农民工三者共同分担子女随迁需增加的土地、师资和日常经费等相关费用来解决。其中，目前我们各地人均公用教育经费差距不大，只需弥补流入地和流出地的经费差额。例如，2016 年我国生均公用经费基准定额为: 中西部、东部地区普通小学每生每年分别为 600 元和 650 元、普通初中每生每年分别为 800 元和 850 元，差距很小。由于农民工子女教育具有外部性，公用教育经费的差额可以考虑由中央政府承担。此外，当前的异地中考、高考政策，需要地方政府配套提供财政支出，导致地方政府积极性不足，所以将教育经费的转移支付和财政奖励资金与农民工子女异地中考、高考人数相挂钩，有利于提高地方政府积极性。

解决第三个问题则需要进行全国统筹，合理增加农民工子女人数较多省份的财政转移支付和招生指标，并进一步扩大高考统一命题范围，打破束缚农民工子女异地中考、高考的体制机制障碍。

三、农民工子女随迁难在哪里?

除了进行成本—收益分析，我们还要进一步探讨为何当前农民工子女随迁仍

面临困难？既有政策不完善的因素，也有农民工主观方面的原因。

从政策方面来看，相关政府部门自 2003 年开始逐步落实"两为主"政策，即以地方政府为主、以公立学校为主解决农民工随迁子女问题，近年来还进一步推行"两纳入"政策，即将常住人口纳入区域教育发展规划、将随迁子女教育纳入财政保障范围，农民工子女随迁难度不断降低。截至 2014 年年底，全国农民工随迁子女在公办学校就学比例保持在 80%。但是，我国农民工子女随迁仍然面临不少困难：一是超大城市和部分特大城市的义务教育资源短缺，门槛仍然较高。例如，2013 年以来，北京市和上海市开始进一步提高农民工子女随迁门槛，小学和初中新入学人数增速降低，农民工子女随迁难度增加。二是异地升学制度还不完善。尽管已有多个省份开始了异地中考、高考制度改革，但是，还存在异地高考指标偏少、门槛较高等问题。例如，北京市异地高考不能报考普通高校，广东省异地高考需同时满足社会保险、居住证、住所、学籍四个条件，门槛相对较高。三是农民工随迁子女就学过程仍面临不少现实障碍。部分流入地教育行政部门和公办中小学校关于随迁子女的招生计划、手续、时间等标准还不统一和公开，就读手续复杂，使得农民工家长不得不来回奔波才能完成入学程序。此外，居住条件也是农民工子女难以随迁的重要因素。2015 年，我国外出农民工住在单位宿舍、工地工棚和生产经营场所的比例分别为 28.7%、11.1% 和 4.8%，三者占比高达 44.6%，居住环境较为恶劣，外出农民工在务工地购房的比例仅有 1.3%。因此，在城市房价较高的现实背景下，将农民工逐步纳入城镇住房保障体系，有利于为农民工子女随迁创造良好的居住条件。

从农民工主观方面来看，监护条件和经济条件等的限制也是农民工子女随迁难的重要因素。这就需要加强对农民工的就业培训，特别是要改善女性农民工的就业环境，并建立农民工收入增长的长效机制，为农民工子女随迁创造良好的外部环境和物质基础。

教育是实现社会公平的起点，而家庭团聚是社会和谐的重要基础。尽快解决留守儿童问题，促进更多的农民工子女随迁，是实现社会公平与和谐的重要保证。这不应该仅仅作为一句口号，而应当成为各级政府现实的政策选择。

（作者胡霞为中国人民大学经济学院教授；丁浩为中国人民大学经济学院博士生）

经济学里的"迪克西特现象"

皮建才

阿维纳什·迪克西特（Avinash Dixit）教授是一位潜在诺贝尔经济学奖获得者级别的经济学家。1944 年他生于印度孟买，后来加入了美国国籍。他于 1963 年获得孟买大学数学和物理学学士学位，1965 年获得剑桥大学数学学士学位，1968 年获得麻省理工学院经济学博士学位，获得博士学位时只有 24 岁。他长期在普林斯顿大学任教，现在是该大学的荣休教授。根据他的学术简历①，他总共出版了 11 本书②，发表了 140 多篇学术期刊和论文，在微观经济学、宏观经济学、国际贸易、国际宏观经济学、产业组织、公共经济学、法和经济治理制度、政治经济学等诸多领域颇有建树。我之前分别在《经济学家茶座》2008 年第 38 辑和 2016 年第 72 辑发表过《经济学里的"阿塞莫格鲁现象"》和《经济学里的"梯若尔现象"》。达龙·阿塞莫格鲁（Daron Acemoglu）教授是经济学科班出身（本科和博士读的都是经济学学位）的经济学者中的最为典型的代表，而让·梯若尔（Jean Tirole）教授则是读了数学博士又转读经济学博士的经济学者中的最为典型的代表。我之所以把这篇文章的题目起为"经济学里的'迪克西特现象'"，是因为我觉得迪克西特教授是先读数学本科再读经济学博士的经济学者中最为典型的代表。迪克西特教授的研究领域颇多，就我个人的非常有限的知识而言，他在微观经济学、国际贸易以及法和经济治理制度方面的研究特别具有原

---

① 迪克西特教授的学术简历详见 http://www.princeton.edu/~dixitak/home/Dixit_CV.pdf。
② 国内翻译出版的迪克西特教授的著作主要包括：《策略博弈》《策略思维：商界、政界及日常生活中的策略竞争》《国际贸易理论：对偶和一般均衡方法》《不确定条件下的投资》《法律缺失与经济学：可供选择的经济治理方式》和《经济理论中的最优化方法》等。

创性，如果他获得诺贝尔经济学奖，很有可能是因为上面某个领域的突破性贡献。① 我举一个例子，在微观经济学领域他和 2001 年诺贝尔经济学奖获得者约瑟夫·斯蒂格利茨（Joseph Stiglitz）一起于 1977 年构造了名满天下的关于垄断竞争的 Dixit-Stiglitz 模型（圈内简称为 D-S 模型）。② 保罗·克鲁格曼（Paul Krugman）就是因为在使用 D-S 模型研究国际贸易方面有突破性贡献而获得 2008 年诺贝尔经济学奖。现在弥补 D-S 模型缺陷的重量级论文越来越多，这种积累很有可能会促成关于垄断竞争的新的经济学革命，迪克西特教授无疑是这场潜在革命的奠基者之一。

我在经济金融网（efnchina. com）上不经意间看到了网名为"一刹春"的网友翻译的迪克西特教授的文章《我的（不成体系的）工作体系》③，文章翻译得甚好，基本上可以用"信雅达"来形容。虽然这篇文章正式发表的时间离现在比较远了，但是迪克西特教授介绍的这些自身的研究经历和写作经验对今天的经济学研习者还是很有借鉴意义的。我对这篇文章的内容深有感触，简直可以用"一见如故"来形容。我觉得，"迪克西特现象"正好可以通过他自己写的这篇文章来进行解读。在这里，我有两点需要说明，这两点都是迪克西特教授在他的文章中着重强调的。首先，这些经验可能比较适合于经济学中的应用理论研究，但对于经济学中的纯理论研究和经济计量方面的经验研究不一定特别适合。④ 其次，每个经济学研究者的特质可能不一样，所以要选择那些适合自己的经验，舍弃那些不适合自己的经验，绝不能"削足适履"，正所谓"择其适者而从之"。

下面就是我对"迪克西特现象"的三点解读，这三点是最具有"迪克西特特色"的三点，也是最需要我们借鉴和反思的三点。

第一，不同的经济学专业之间是相通的，只要你掌握的数学工具足够好，你完全可以在不同的经济学专业之间"来回穿梭"。做经济学学问的研究者就像大

① 我个人的推测是，迪克西特教授应该拥有诺贝尔经济学奖的提名权，埃莉诺·奥斯特罗姆（Elinor Ostrom）获得 2009 年诺贝尔经济学奖应该跟他的推荐和提名有关。
② 这篇论文的题目为"Monopolistic Competition and Optimum Product Diversity"，发表于《美国经济评论》（American Economic Review），1977 年第 67 卷第 3 期，第 297—308 页。这篇论文的引用次数已经超过 10000 次。
③ 这篇文章的题目为"My System of Work（Not！）"，发表于《美国经济学家》（American Economist），1994 年第 38 卷第 1 期，第 10—16 页。
④ 迪克西特教授的数学本科出身决定了他在经济学中的应用理论研究方面具有很强的比较优势，可以"骑着数学这匹快马"在经济学领域"快马加鞭未下鞍"。

漠中的游牧民族，其任务就是不断寻找合适的"绿洲"，"逐水草而居"。迪克西特教授认为他自己从事科研是有些"机会主义"的，哪里有机会就往哪里做，没有稳定的研究方向，所以我们可以看到他的论著的研究领域比较广泛。有的研究者找到的"绿洲"比较好，可以长期"居住"，这些人就成为迪克西特教授所说的经济学研究者中的"长跑选手"甚至是"马拉松选手"。有的研究者找到的"绿洲"比较差，不能适合长期"居住"，这些人就成为迪克西特教授所说的经济学研究者中的"短跑选手"。每个研究者要找准自己的比较优势，适合"短跑"的就"短跑"，适合"长跑"的就"长跑"，适合"马拉松"的就"马拉松"，不要盲目限制自己的长处。当然，一个研究者的比较优势并不是一成不变的，它可能会随着时间的变化而变化，刚开始适合做"短跑选手"的研究者，到后面有可能适合做"长跑选手"和"马拉松选手"。国内学术界比较强调研究方向聚焦，申请学术奖项、科研项目和人才计划往往需要指明自己的具体专业，并且在舆论导向上有意识地割裂经济学的不同专业，似乎不同专业之间真的存在"天堑"。国内学术界往往忽视了研究方法的聚焦，一个研究者可能会使用同样的研究方法在不同专业之间"纵横驰骋"，但这样的研究者在国内申请学术奖项、科研项目和人才计划时可能会吃大亏。我认为，在这一点上国内学术界需要改进。专业的聚焦是聚焦，研究方法的聚焦也是聚焦，"不管是黑猫还是白猫，抓到耗子就是好猫"，正所谓"不拘一格降人才"，把好论文做出来才是"正道"。

第二，要学会在不同"语言"之间的转换。在有的学科中"语言转换"可能并不重要，但是在经济学科可以说是特别重要。"语言转换"既包括文字语言和数学语言之间的转换，也包括不同数学语言之间的转换。很多经济学研究者非常重视文字语言和数学语言之间的转换，特别是把文字语言转换为数学语言，但是忽略了不同数学语言之间的转换。经济学中的数学语言有很多，微观经济学有一套自己的数学语言，宏观经济学有一套自己的数学语言，计量经济学有一套自己的数学语言，微观经济学、宏观经济学和计量经济学内部还有很多不同的数学语言，这些数学语言在很多时候并不兼容。每个研究者都掌握了一套自己特别熟悉的数学语言，但对别人使用的数学语言可能并不习惯，这个时候我们要试着把别人的数学语言转换成我们自己熟悉和擅长的数学语言。如何才能实现这种转换呢？迪克西特教授引用了1965年诺贝尔物理学奖获得者理查德·费曼（Richard

Feynman）的例子，告诉我们的方法就是要精读，就是要用自己的方法加以理解。只有在我们自己熟悉和擅长的数学语言里，我们才能更容易实现数学公式的变换。只有实现数学公式的变换，我们才能把自己的新思想嵌入到数学分析框架中。只有实现了新思想的嵌入，我们才能做出自己的学术论文。经济学研究的方法论的本质就是思想和数学工具的匹配，不同的思想需要不同的数学公式与之匹配，这就要求我们洞悉数学公式中有哪些地方能变，有哪些地方不能变。要知道，我们只能在能变的地方"做文章"。经济学研究者在写作论文的时候，要学着把"敌人"引到自己早已设好"十面埋伏"的"包围圈"里面，所谓的"包围圈"就是自己熟悉和擅长的数学语言。

第三，要学着让做学问就像玩儿一样有趣。迪克西特教授特地引用了理查德·费曼的一段话，"我只是算着好玩……玩就是我的工作"；迪克西特教授进一步引申道："如果你的工作像玩一样有趣，那就说明这项工作很适合你。"① 兴趣是最好的老师，它会给你提供"取之不尽，用之不竭"的动力。孔子说过："知之者不如好之者，好之者不如乐之者。"但是，我们很多人读小学是为了完成任务（任务就是进入更好的中学），读中学是为了完成任务（任务就是进入更好的大学），读大学是为了完成任务（任务就是找到更好的工作或者进一步深造读研究生），读研究生是为了完成任务（任务就是找到更好的学术类或者非学术类工作），当教师做科研是为了完成任务（任务就是学校规定的考核指标），自始至终都是任务导向型的，而不是兴趣导向型的。这种任务导向型的学习和研究可能会在无形中降低研习者的境界和层次，因为这样的学习和研究在很多时候并不是为了满足自己的好奇心。迪克西特教授强调要像 23 岁时那样工作，诺贝尔经济学奖得主克鲁格曼教授强调研究要具有婴儿状态。前一段时间有很多人讨论"钱学森之问"——"为什么我们的学校总是培养不出杰出人才？"我觉得产生"钱学森之问"的重要原因就是我们的学术界"像玩儿一样工作"的人太少，"像工作一样工作"的人太多。说到底，就是要让你的兴趣和你的工作匹配起来。我个人觉得，"钱学森之问"在很大程度上是因为兴趣和工作出现了大规模错配，错配扼杀了那些本来应该脱颖而出的杰出人才。正如老百姓常讲的："男怕入错行，入错难改行。"

---

① 这两句加引号的话引用了网友"一刹春"的译文，特此说明。

　　迪克西特教授是一位世界级的经济学大师，他的研究经历和写作经验对我们很有启发意义。我只是从迪克西特教授诸多的研究经历和写作经验摘出了我个人认为值得强调和引申的三点，但是这并不意味着其他几点就不重要。研究和写作从来就没有现成的公式可以套用，每个研习者还是要结合自身的实际情况，发挥自身的比较优势，切不可"邯郸学步""东施效颦"。我把迪克西特教授的文章结语中的那段话放在最后作为本文的结束语，不是为了别的目的，而是为了更好地呼应本文题目中的"迪克西特现象"六个字。那段话是这样讲的，"我把自己从研究生涯中习得的最重要的，也是我自认为最正确不过的经验留到最后：在选择研究问题和确定攻关方向时，要保持一种朝气蓬勃的自由意识。把自己想象成还只有23岁，还没有被贴上特定标签因此不受'领域'所限，还没有到终身教职评审因此没有快发文章的压力。试着在研究过程中一直保持这样的心态，哪怕你的身体，甚至你的头脑中用于处理其他事务的部分功能随着年岁增长不免逐渐衰老"[1]。

（作者为南京大学经济学院教授）

---

① 这段加引号的话引用了网友"一刹春"的译文，特此说明。

孙悟空巧妙骗过观音和如来

——西游记经济学之九

聂辉华

如果把西天取经看作一次艰难的创业，那么在这个创业团队中，唐僧就是项目经理（小老板），观音菩萨是 CEO（中老板），如来佛祖是董事长（大老板），孙悟空算是创业团队的骨干。尽管这个创业团队一路风餐露宿，降妖除魔，可谓筚路蓝缕，但并非铁板一块，而是一路上都饱经考验，多次差点分崩离析。李克强总理提倡"大众创业，万众创新"。实际上，创业是一门高风险、高收益的课程，对于还没有走出大学校门的学生，或者刚刚踏入社会的毕业生来说，创业团队建设和内部组织管理，远比大学课堂上的教材复杂得多！不信？请看我根据实际情况改编后的"创业西游记"。

一、孙悟空的锦囊妙计

在《西游记》第五十六回，取经团队面临最严重的一次内部冲突。孙悟空在杨家庄打杀了几个强盗之后，唐僧认为他心狠手辣，念了多次紧箍咒，执意要赶走孙悟空。悟空觉得唐僧不明事理，不想追随，只想脱了紧箍咒回他的花果山去。但唐僧自己承认，当初观音菩萨只教给了他紧箍咒，不会念什么"松箍咒"。于是，悟空去找南海观音，但观音说她也不会念"松箍咒"，当初这玩意是如来佛祖给她的。悟空寻思，只能去找如来解除魔咒了，但如来是取经项目的大老板，肯定不会轻易放走他这个关键员工的。怎么办呢？唐僧听观音的，观音听如来的，但如来日理万机，哪里有空去管取经项目的细节。想到这里，悟空心生一计。

悟空一个筋斗云，到了西天灵山大雷音寺，拜见了如来佛祖。他对如来说，自己生性聒噪，喜欢打打杀杀，路上不慎杀了几个平头百姓，得罪了唐僧，违背了佛教"不杀生"戒律，被唐僧赶走了。他去向观音诉苦，观音也觉得悟空不适合再当取经人，愿意收留悟空在身边做一个护法大使，然后派此前收服的红孩儿代替悟空去做取经人。因此，请如来佛祖念一下"松箍咒"，放悟空回观音身边去。如来一听，既然具体负责取经业务的唐僧和观音都同意了，而且也找到了合适的替代者[1]，他觉得作为最高领导没必要干预下级领导的管理细节，就念动真言，瞬间解除了孙悟空头上的紧箍儿。悟空欣喜若狂，一路手舞足蹈，再次来到南海观音菩萨处。悟空对观音说："我把情况跟如来讲了，他觉得我不适合做取经人，让我在大雷音寺听讲修炼，你可以派红孩儿去替代我的位子。"观音一听，既然大老板如来发话了，自己必须遵守如来金旨，于是就准备带红孩儿去见唐僧。悟空一身轻松，"哟呵"一声欢叫，连招呼都没打，就跑回花果山去做他的齐天大圣了。几句话功夫，既骗了如来，又骗了观音，不愧是"猴精"啊！

二、多重领导要不得

其实，孙悟空的计谋算不得高明，他不过是钻了"多重领导"的空子。每一个组织都有层级，必然存在多级领导。如果多个领导同时管理一件事情，在缺乏信息沟通和充分协调的情况下，就可能被拥有信息优势的下属所操控，导致"下级领导上级"的荒谬之事！

多个领导同时管理一个下属的情况，俗称"多头领导"，契约理论称之为"共同代理"问题（Bernheim and Whinston，1986）。这又分两种情况。第一种情况是，多个领导之间是纵向的，即不同层次的领导都可以管辖某个下属或某项事务。在委托—代理模式下，由于具体做事的人往往掌握了更多的具体信息，而上级领导和下级领导之间不可能事事沟通，因此下属可能会利用信息不对称欺骗多个上司，或者在不同任务之间套利。

若干年后，孙悟空欺骗观音和如来的故事再度上演，不过这次被骗的是唐

---

① 别忘了，红孩儿头上也戴有金箍儿，唐僧从观音那里学会咒语之后，也可控制红孩儿。

僧。在唐僧坐镇的白马寺，他自己是方丈，此外他还任命了一个监院，协助自己管理寺庙的日常事务。有一天早上，唐僧发现外面下大雨了，他担心山洪暴发，导致泉水污浊，于是赶紧命令负责后勤的小和尚释灵去挑几担水。释灵是个机灵鬼，喜欢耍小聪明，他可不想一大早冒雨去山涧挑水。他跟唐僧撒谎："刚才监院让我下山去接待香客。因为今天下雨路滑，怕香客摔倒，还需要在路边设置一些安全设施。"唐僧心想，香客的人身安全是大事，如果摔伤了香客，或者出了人命，那白马寺的声誉就毁了，而且唐太宗说不定会因为自己维稳不力而对明年的财政拨款"一票否决"。于是唐僧说："人命关天，那你赶紧下山去啊！"释灵一转身就溜进了自己的禅房，想补个回笼觉。结果半途碰到了监院，监院着急地对他说："今天下大雨，路上很滑，你赶紧去清理道路，最好再搞一些安全设施，不然香客摔伤了，后果很严重！"却见释灵不急不慢地说："报告监院，方丈让我去挑水，说今天可能有洪水，怕是未来几天都没泉水喝了，特意要我多储备一些呢。"监院一想，挑水是大事，要是没水喝，大家连早饭都吃不上啊，更何况方丈有言在先，还是听方丈的安排吧。于是，可怜的唐僧亲自冒雨去挑水，监院亲自冒雨去查看山路，而鬼精的小和尚释灵就躲在禅房里美美地睡懒觉！

第二种情况是，多个领导之间是平行的，他们都有权力管辖某个下属或者某项事务。表面上看，平行的多头领导体制是为了沟通信息，加强协调，顾全大局。例如，在一个县里，招商局的工作涉及工业项目、土地使用、城镇规划、环境保护等多个方面。于是，主管工业的副县长、主管环保的副县长都能干涉招商局的工作。但事实上，横向的不同领导之间，往往存在一定程度的利益冲突，未必能够有效地沟通信息，从而未必能够协调一致，有时某些领导为了部门利益或个人利益甚至会拒绝协调，或者相互推诿，最终导致协调失败。就像上面那种情况，假设招商局想引进一个有点污染的重化工业项目。主管工业的副县长很高兴，因为这样本县工业GDP会大幅增加，就算自己的政绩了。但主管环保的副县长肯定不会同意，因为带来污染他要负责，而GDP增长跟他没有直接关系。此时，如果两个主管副县长相互扯皮，这个项目肯定就黄了。

另一个多头管理的典型案例是中国的国企管理体制。2003年之前，一家国有企业要受多个部门领导。组织部门管人事，财政部门管资产保值增值和产权变更，发改委管基本建设和项目审批，经贸委管技改投资和重组兼并，劳动部门审批工资和管理者待遇。用民间的俗语说，"一个媳妇，多个婆婆"。在这样的格局下，国企就像一个小媳妇，哪个婆婆都要管她，哪个婆婆都不敢得罪，国企怎么搞得好？这真是"九龙治水，天下大旱"。2003 年，国资委成立了，将各个部门的管理权限集中行使，统一"管人、管事、管资产"。从此，国企效率开始明显提升。

三、灵山被迫组建"领导小组"

自从被机灵鬼释灵捉弄了之后，唐僧百思不得其解：设计得好好的领导体制，怎么在执行时就南辕北辙了呢？那边厢，其实如来早就在反思了：我管观音，观音管唐僧，唐僧管孙悟空，怎么就让这个妖猴给耍了呢？如果多几个像孙悟空这样钻空子的人，那灵山还有何脸面管理佛教众生？看来，佛界不能光念经，还要学管理。管理也是一门大学问，高深莫测，必须在实践中不断摸索。痛定思痛，为了解决多头领导的难题，维护西天的权威，如来佛祖紧急召唤所有佛祖和菩萨，在大雷音寺开起了闭门会议，最终商定了两条维护领导体制的根本原则，并通令所有佛祖、菩萨、圣僧、罗汉、揭谛、比丘、优婆夷塞，各山各洞的神仙、大神、丁甲、功曹、伽蓝、土地以及信众必须遵守。

第一条根本原则是，强调主体责任，避免"令出多门"。如来要求，当一项事务存在多个纵向领导时，应该明确主体责任，最直接的领导是第一责任人，其上一层领导是第二责任人。并且命令必须逐级下达，上级不得越级干预下级事务。上级如果对下级不满，可以撤换下级，但不能代替下级发出命令。上级可以改变下级的不当命令，但必须通知下级。下级有问题可以向更上一级反映，但不能越级反映。例如，孙悟空如果要如来解除"紧箍咒"，必须由唐僧批准，然后唐僧向观音菩萨申请，观音菩萨同意后，必须由观音向如来佛祖汇报。如果如来佛祖觉得观音的做法不当，可以要求观音更改或撤销其决定。如来如果对孙悟空有安排，必须先通知唐僧和观音。如此一来，多头领导就变成了单线联系，而且从根本上杜绝了两个有冲突的指令同时下达给一个下属的情况。孙悟空的诡计不可能再得逞了。

第二条根本原则是，平行的领导机构组成"领导小组"，由最高主管担任领导小组组长，小组办公室设在主要责任单位。如来深知，灵山事务繁多，很多业务必定存在交叉，不可能按同一个维度进行纯粹的切割。就好比西天取经项目，

交通得有人管，后勤得有人管，安全得有人管，通关得有人管。如果所有事务交给一个部门去管理，就违背了分工原则，而且也没有哪个部门能够包揽所有事务。因此，从技术上讲，平行的多头领导是不可避免的。一方面要加强平行领导机构之间的协调，另一方面又要避免"令出多门"的弊端，唯一的办法就是将所有相关的平行领导机构组成一个"领导小组"，组员由所有相关机构的"一把手"组成，最后由最高的主管领导拍板决策。如果小组成员之间有矛盾，就由组长负责解决。

从此，西天灵山除了修行部、信众部、后勤部、佛学院、信息中心等实体领导机构外，又相继设立了"取经事务领导小组""降妖归化事务领导小组""基建事务领导小组""实业投资领导小组"以及"上市事务领导小组"等多个协调机构。

（作者为中国人民大学经济学院教授）

中美首府城市的历史比较与制度分析①

龙登高　李　栋

　　比较中美两国城市的经济中心与行政中心的地理分布，一些有趣的差异发人深思。为什么作为美国经济中心的大城市通常不是行政中心？为什么一两百年前美国各州多不选择大城市作为首府？进而，为什么它们作为首府城市之后都长不大？而当代中国的城市一旦变为首府，就会迅速扩大。中国自古以来就是如此，未曾变化吗？这种差异没有被系统性揭示过，也没有成果探讨其背后的原因、制度基础和内在的经济逻辑。本文试对此进行历史比较和经济解释。

一

　　美国的著名大城市，如纽约、洛杉矶、芝加哥、休士顿、底特律、西雅图、圣荷塞、圣地亚哥、旧金山等全国性、区域性经济中心都不是各州的首府城市，与中国形成鲜明的对照。以人口规模排序的美国前十大城市中，只有一个城市是首府城市。以家庭收入排序的前十大城市中，只有两个是首府城市。

　　进一步具体观察美国各州的首府城市，只有 17 个首府城市是该州人口最多的城市，其中 9 个州②的首府人口不过 20 万，但已经不能反映大城市与小城市之差别了。其他 33 个都不是该州的最大城市，约占总数的 66%。这 33 个州的首府

---

　　① 本文为国家社会科学基金重大项目(项目号 10&ZD078，首席专家：龙登高)的相关成果。
　　② 9 个州分别为：爱达荷州、爱荷华州、阿肯色州、犹他州、罗得岛州、密西西比州、南加利福尼亚州、怀俄明州和西弗吉尼亚州。

城市还具有如下特点。

一是首府与该州最大城市差距大。差距最大的是纽约州、伊利诺伊州、加利福尼亚州、宾夕法尼亚州，这几个州的最大城市的人口数量大，都在 150 万人以上，但其首府的人口规模非常小，差距悬殊，宾夕法尼亚州首府甚至不到 5 万。

二是首府的规模普遍较小。各州首府平均人口仅为 26.7 万人，29 个州首府城市人口都在 30 万以下，其他通常都是一二十万的小城镇，14 个州的首府人口仅为 5 万人及以下，佛蒙特州首府蒙彼利埃仅有 7600 多人。40 万人口以上的首府城市，总共不过 12 个。

三是首府地处僻远或离最大城市比较远，如纽约市在该州东南沿海，而阿尔伯尼则僻在西北。加利福尼亚州前四大城市洛杉矶、圣地亚哥、圣何塞、旧金山都位于西部沿海，而该州首府萨克里门托则深处东部内陆。

相比较而言，中国 31 个一级行政区（不含香港、澳门、台湾），只有 3 个首府城市是全境的第二大城市，约占总数的 9.6%。如果不计 4 个直辖市，也只有11%。也就是说，中国一级行政区的省会中，约 90% 都位于其最大城市。三个例外的省会城市是河北、江苏、山东，各有其特殊性①。

与此相应，美国名校的地理分布，除州立大学之外，位于首府城市或大城市的数量有限，大多都位于中小城市，甚至僻静的乡镇，如普林斯顿大学、耶鲁大学、斯坦福大学、杜克大学等。真正位于大城市的仅有哥伦比亚大学、芝加哥大学等。相比较而言，中国的名校，几乎都位于大城市，同时也是行政中心城市，如北京、上海、天津、西安、武汉、广州等。很少有名校位于中小城市与非行政中心城市。逾百所"211"大学中，严格说来只有 4 所位于非省会城市②。其他240 多个地级市，通常只有过去的师范专科学校。

为什么在经济中心与行政中心的地理分布上，中美之间如此大异其趣？可能还得从历史演变的角度去考察。

---

① 这三个省会都各有其特殊性。河北地处京畿，省会曾在天津、保定等地游徙不定，直到 1968 年才确定于石家庄，其人口最多的城市是偏北的唐山。江苏地跨长江南北，南京又是六朝古都，作为省会是不二选择，人口规模与苏州也相差不大。山东的济南位于全境中央，青岛是得天独厚的港口城市。

② 这 4 所大学是：中国矿业大学、苏州大学、江南大学、延边大学等。华北电力大学有保定校区，但校部在北京。石河子大学所在地，是新疆建设兵团（省级）治所。

二

为什么美国各州大多不选择最大城市作为首府城市？特殊的历史使美国形成地方自治与分权的民主政体。1776 年北美 13 个殖民地通过独立战争脱离英国。独立之初，1781—1789 年美国是一个邦联（confederation）政体，此后变为联邦（federation）。不用说邦联，就是联邦中央政府，其权力与资源都有限。每个州（state）相当于一个国家，拥有军队和外交之外的几乎所有的权力。此后 19 世纪其他州相继成立（至 1890 年达 44 个州），在联邦中都享有与 13 州同样的相对独立性。首府则由各州自由选择。如何选择呢？各州也是基层自治与分权的民主政体，通常是按照民意或选票来确定的。主流民意或选票决定了首府的选择。那么主流民意是什么？

美国各州成立与发展之初的社会经济结构如何呢？19 世纪的美国基本上是一个农村人口居多的社会，上半叶时 90% 以上的居民是农民，直到 1880 年美国东北部的城市人口才超过农村人口，此时中西部、西部城市人口才百分之二三十，南部更低至 12.2%。因此，农民作为最大的群体，决定了主流民意的取向。而且，主流社会也认为，农民是美国最具有价值的群体，杰弗逊（美国第一任国务卿，第二任副总统，第三任总统）是其突出代表，杰弗逊主义（Jeffersonism）成为 19 世纪前中期美国的主流价值观。[1]

农民和主流民意都担心政府权力的扩张。他们为追求自由辗转来到新大陆，经过浴血奋斗摆脱了大英帝国的统治，自己选举州长（Governor），成立自主政府，制定法律，包括选定首府。然而政府是唯一合法使用暴力的机构，必须从各方面加以约束，所谓"将权力关进笼子里"。

作为自由权利的所有者，民众担心政治权力和财富的勾结与关联，权力寻租，官员与富人合谋。同时如果政府的力量太强大，民间力量难以约束和抗衡。如何切断官员与富人、政府与商界之间的勾连呢？一个朴素的想法是，从地理上隔绝二者之间的连接与联系。这在交通与信息不太发达的时代，被认为是一个有

---

[1] William S. Dietrich, In the Shadow of the Rising Sun: The Political Roots of American Economic Decline, Penn State Press, 2008, pp. 165.

效的办法。于是，让行政中心远离工商业中心，就成为当时的主流民意，成为首府位置选择的取向。

为什么各州首府一两百年来都长不大，反而通常是非首府城市成长起来？并且，当其他城市因为交通和经济等原因成长起来后，为什么各州没有迁"都"？其原因也在于此，受约束的政府控制资源和配置资源的能力较弱，而市场成为城市发展的决定性因素。

与之相映成趣的是，中国各省区的城市，一旦变为首府城市，就会迅速壮大，超过曾经的省会城市。

安徽、广西、河南、吉林、河北等5省区，1949年前后，行政区的地理范围大体没变，但省会迁移。与旧省会相比，新省会在1949年前人口规模都要小，但变成省会之后迅速壮大。这一情形约占27个省区的18.5%，或原25个省区的20%。反差最大的是郑州与开封，1949年郑州的地理范围几乎只有开封的一半，但2012年郑州反而是开封的6.5倍。可见，作为省会城市所拥有的资源与便利，推动了城市的发展。省政府控制全省资源及其配置，省会是其枢纽和中心，往往近水楼台先得月。位于省会的教育文化等机构也会得到省政府的优先支持。如，河南大学曾是该省无可争议的最高学府，但现在郑州大学成为该省唯一的"211"大学。可见，行政级别在中国体制下非常重要。

美国的城市没有行政级别，甚至隶属关系也很弱。首府城市与其他城市一样，具有自治与独立性。城市与州政府之间，几乎不存在所谓行政级别的高低，不存在隶属与被管理的关系。因为其权力来自于选民，而不是所谓上级。市长向市民负责，不需要向州长负责。

三

美国城市历史不长，特别是首府城市是各州成立之后才确立，大多是在19世纪。与之相比，中国的城市包括省会城市，大多历史悠久，在20世纪以前相对稳定。

历史上，中国的政治中心往往同时具有经济中心功能。宋代一级行政区称为"路"，二级行政区为府或州，三级行政区为县。笔者的研究表明，以城墙周长表示城市规模，发现城市治所行政等级与城市规模成正相关，并且差别明显，无论长江中下游、华北还是华南，都是如此。就全国平均而言，一级行政区治所规模为二级行政区治所的 2.2 倍，府城亦为县城的 2.2 倍。

大体而言，中国城市的规模与行政等级，在宋代时大体吻合，明清时期发生了很大变化。宋代兴起的市镇，虽然其行政级别低于县，但不少开始与县城并驾齐驱，明清时一批市镇壮大，经济功能超越府城，甚至成为具有全国意义的区域中心。最突出的是汉口镇，自明代由沙洲变为"陆地"后，工商业突飞猛进，迅速超过省会武昌府，成为长江中游区域中心乃至全国性经济中心之一。河南朱仙镇、广东佛山镇、贵州青岩镇等分别与省会一起成为全省的经济中心，像江西景德镇这样面向全国市场乃至国际市场的制造业市镇，即所谓专业市镇，为数不少。

一方面市场发展，商品周流各地，形成了全国市场[①]，而且形成土地、劳动力、资本等要素市场[②]。另一方面，基层自治[③]，政府配置资源有限。清代政府财政占 GDP 的比重仅 5%，基础设施、公共建设包括水利设施，多由民间筹建与管理。同时，宗族、宗教、商会、慈善组织[④]等活跃于民间，都具有一定的经济功能。在资源配置方面，市场力量较之于政府更为突出。市场配置资源推动了城市经济中心层级突破行政等级格局。

清代的这种情形在新中国改革开放之后再次呈现。深圳在短短 30 年间一跃成为一线城市，在 2015 年全国城市经济 GDP 排名中，深圳高居第四，紧追省会广州。在此排名中，苏州市第七，超过省会南京。前 25 强中，非省会城市 12 个，省会仅 9 个。其中 23 个城市均位于东部沿海，正是市场经济发育程度较高的地区。与之相似，一些行政级别低的城镇，其经济规模与中心功能超过高级别的政治中心，像义乌作为一个县级市，超过了其"上级"地级市金华，并成为全国乃至具有一定全球经济意义的小商品专门市场。市场的作用正在突破行政篱藩与边界，日益成为资源配置的决定性力量。当然，政府配置资源的力度仍然很强。

---

① 李伯重：《中国全国市场的形成，1500—1840 年》，载《清华大学学报》，1999 年第 4 期。龙登高：《中国传统市场发展史》，人民出版社 1997 年版，第 441 页。彭凯翔：《从交易到市场》，浙江大学出版社 2015 年版，第 131 页。

② 龙登高：《地权交易与生产要素组合：1650—1950》，载《经济研究》，2009 年第 2 期；《地权市场与资源配置》，福建人民出版社 2012 年版，第 116—121 页。

③ 龙登高：《历史上中国民间经济的自由主义取向》，载《思想战线》，2014 年第 5 期。

④ 梁其姿：《施善与教化：明清时期的慈善组织》，北京师范大学出版社 2013 年版，第 50 页。

四

综上所述，美国各州的首府城市，多属于中小城市，反映了政治中心与经济中心的分离。其一，历史原因在于，18世纪末与19世纪各州成立之初，往往因为主流民意希望将政治中心与工商业中心分隔开来，反映了最大群体的农民阶层的朴素诉求。其二，这些政治中心在此后一两百年来规模通常都没有明显的扩大，而纯粹的经济中心城市则日益壮大，其根本原因在于美国一直是市场配置资源，政府控制与配置资源受到多种约束。其三，在美国分权政体之下，各州首府与一般城市都没有严格的行政等级之别，城市规模与地理格局受市场与经济的主导。

中国各地的政治中心与经济中心，在宋代以前通常是合为一体的，而且行政等级与城市规模呈现正相关，并形成较为稳定的地理格局。这种情形在计划经济时期得到强化，在政府全面控制资源和配置资源之下，政治中心的经济功能空前强大。而明中叶以来全国市场发展所推动的变化，表明市场配置资源对城镇地理格局的深刻影响。清代的这种情形在改革开放之后再次呈现，一些行政级别低的城镇，其经济规模与中心功能超过高级别的"等下"中心，表明尽管政府配置资源的力度仍然很强，但市场的作用正在突破行政篱藩与边界，日益成为资源配置的决定性力量。

（作者龙登高为清华大学社科学院经济学研究所教授；李栋为清华大学经济管理学院学生）

清代京城住房、粮食双轨制

邓亦兵

双轨制是中国体制转轨时提出的新理论，指两种不同制度在市场上并行的情况。这里借用这个概念，指的是清代前期（1644—1840 年），在京城市场上住房和粮食供给方面，有政府规定的供给制度，同时还存在市场配置资源制度，实质是政府配置资源和市场配置资源两种不同经济制度并存的双轨制。

京城双轨制的来源

顺治元年（1644 年）清军攻入京城，建国都于北京。皇室和一些高级官员抢占了明末宫殿、高官住宅，而普通政府官员及其家属，大批军队及其家属则没有住处。与此同时，他们的吃饭问题也待解决。从统治者角度来说，其成员没有固定住处，就没有办法在京建立政权，所以解决住房是首要问题，其次是吃饭问题。

当时八旗军队不仅在内城，而且在外城圈占、强占民房。一般的政府官员及其家属，大批军队及其家属只能挤进京城内居民住的四合院里。满汉人民同居一处，法律纠纷不断。为了解决这些问题，政府将内城居民全迁外城，居民的房子，每间给银四两，相当于顺治年间房产市场的最低价格，并可以将拆屋的砖瓦、木材搬到外城，同时还对他们免一两年赋税。这样就形成了旗人和民人分别在内外城居住的情况。在内城，政府将圈占的房屋作为国有财产，无偿分配给旗人居住，在外城则维持原来买卖商品房的市场，从而人为形成两种不同性质的住房制度。

其次是吃饭问题。清代前期政府继承明代的漕运制度，利用运河和海道向京城运输从南方省份征收的粮食。这种粮食称漕粮，漕粮的运输称漕运。漕粮运到北京后，就分成仓储和供给两部分具体制度。运到京城的漕粮，主要品种是稻米，政府无偿分给政府官员和八旗官兵，这就是粮食供给制度。在外城，得不到漕粮配给的居民，只能从市场上购买粮食，居住在京城的北方百姓习惯食用麦子及各类杂粮，如小米、高粱等，主要依靠粮商从外地贩入，百姓与商人在市场上买卖粮食，这就是商品粮制度，从而人为形成两种不同性质的粮食供给制度。

这样双轨制就由政府设计出来了。住房制度是清代前期政府的首创，总结其制度的产生具有代表性。是时，内城房屋成为国有资源，政府将内城房屋无偿分给旗人居住，解决了官员、军队其及家属的住处，也暂时平息了满汉人们的矛盾。政府首先考虑京城各级官员、八旗军队的生计，安顿好他们不仅关系到国家安全，而且有利于站稳脚跟，统治全国。其次是安抚百姓，保证居民有房子居住，因为只有使百姓得以生存，政权才能稳固，因此政府允许原有商品房市场存在。一般来说，专制政权设计制度的出发点就是巩固统治，建立各种制度保障，是政府决策的结果，其无疑有利于维持和服务该统治集团的利益。这是清代前期双轨制产生的根源，也是双轨制产生的必要原因。

政府与市场各有优劣

首先，从住房制度看，清代政府利用手中的权力，掌握和控制了内城的房屋资源，解决了政府、军队赖以生存的物质条件。当时，京城内城房屋，除了皇宫，还有部分庙宇，估计八旗共有 32 万—40 万人分到了住房。如果只靠购买，或者其他方式，很难想象能解决这么多人员的居住问题。所以住房制度效率高，成本低，在人口众多的京城，能在短时间内，挤进几十万人居住，就是制度的优势所在。但是制度本身也有缺陷。其一，分房、出租中赏罚不均，分配不公。本应分给无房居住人的房屋，却被已有住房的人租赁，这些人将自己的房屋高价出租，再用赚价租住官房。其二，住房依靠福利分配，滋生以权谋私，部分高官占有多处住房。

再从商品房市场看，市场经济的魅力极大地诱惑着内城旗人，为了追求利益，已有住房的旗人，违反政府禁止内城交易国有住房的政策，将房屋永久典出，没有回赎期，实际上就是出售；有的拆卖房屋，出售砖瓦木材。政府为了保存国有住房的资源，禁止内城旗人与外城民人交易房屋，而这一政策只是在一段时期内得到实施。到乾隆时，有旗人暗地里将房子出售给民人，这一政策就被破坏了。到嘉道时，已经是"邻舍东西等异方，民房一半杂官房"的情况了，禁止旗民交易房产的政策，禁而不止。在市场经济的冲击下，政府的政策显得无能为力，这就是市场的优势。不过，在房产交易中，房屋中介人，暗搞诸如红白房契，红契是官契，纳于税用，白契是私下的契约，红契上的房价比白契的房价低，可以少纳税，如同现今房产交易中的阴阳合同。在房产交易中，还出现重复买卖、一房两主、造假契骗钱等，其中中介起到推波助澜的作用。这些都是市场机制本身解决不了的弊端。

从漕粮供给制度看，继承明代的漕运制度，将南方一些省份的粮食征运进京，分配给官兵，解决了32万—40万人的吃饭问题。嘉庆时，就有人说，王公百官和八旗官兵都享受漕粮。运粮船还可以将南方各地的百货，带到京师供居民享用。这就是漕运制度上的优势。但是，在漫长的历史发展过程中，政府频繁遇到制度腐败问题。漕粮供给制度的腐败特点之一，官、吏、商相互勾结，贪占漕粮。嘉庆十四年发生了典型大案，就是这种官、商、吏勾结，致使粮仓亏空漕米造成的。上至亲王、郡王、贝勒、贝子及其他有关人员，下到各类吏役、仓书、甲斗等吏役，都参与其中。粮商是重要环节，没有粮商参与，粮食不能兑现银两，所以官员主动与商人勾结，或者商人主动联络官员，贪污漕粮。其次，各阶层与漕粮运输、仓储、分配有关人员是贪占漕粮的参与者，盗卖仓米是他们贪污粮食的主要手段。除了有拦路、戳袋、偷抢、夜间挖墙偷米、越墙进仓偷米等这类惯偷，官船雇觅的水手、剥船的船户、撑船的甲长、搬运工、车夫、粮仓的从业人员等也在偷粮。可这类腐败弊病，政府难于禁止。腐败行为从制度内部进行破坏，给制度撕开一道口子，漕粮就沿着这条出口，流入粮食市场，变为商品粮。官员利用自己掌握的权力，贪污漕粮，勾结粮商，形成既得利益集团；没有权力的人们，利用职业便利，偷盗漕粮，形成群体化犯罪。

从商品粮市场看，市场上的米粮，基本上都依靠八旗官兵外卖漕粮。据估算，如果每年出仓米共约280万石，官员和兵米60%进入市场，流通量约为168万石，成为市场上稻米的主要来源。由商人直接贩入京城的小麦约为55万石，小米约为 22 万石，再加上官兵出卖的漕米，估计市场粮食流通量约为 245 万石。由于市场机制的作用，商人为京城粮食市场提供了足够的稻米；为百姓提供了麦子、杂粮和其他所需日用商品；也为外地商人来京经营创造了条件，维持了京城商业繁荣。可见市场解决了制度无法解决的问题。市场的问题在于商人与官员勾结贪污粮食。商人低价收购漕米，高价出售，赚取差价；赚取仓米出仓价与市场之差。道光时，商人每贩卖 1 石粳米，即可得制钱 800 文；贩卖 1 石稷米获得制钱 1000 文。商人还利用借贷，高利息赚取差价。这些交易中的弊端，是市场自身不能解决的。

政府利用制度配置资源，制约了市场上的正当交易。政府令居民全迁外城，使外城房价高涨。根据顺治五年（1648 年）之前外城 7 份卖房契统计，出卖的房间共 75.5 间，总价银 491 两，平均每间 6.5 两，之后住房均价达 15.91 两，已翻了一倍。康熙时均价达 40.11 两，比顺治时上涨 152%。乾隆时 38.27 两，嘉庆进 41.29 两，比康熙时还高。此外，清军还未进入北京城时，就发布命令禁止商民在内城进行贸易活动。这使得明代以来十分繁荣的内城商业，从此衰落，直到乾隆后期才有所改观。同时，也形成外城前三门商业市场长久繁盛的景象，使京城商业布局长期处于畸形状态，一直延续到近代。在市场机制的冲击下，内城的分配住房制度没能延续下来，住房制度市场化的趋向十分明显。嘉庆时有官员说，建国初期，八旗人数少，政府平均分房，旗人都有地方住，觉得生活比较充裕。过了百数十年，人口增加，物价上涨，为了眼前的生活，旗人到处借贷，欠账累累。有的为了还债变卖房产，富户则借机购买，将房屋拆装。装修完好的房子自己居住，用剩余细小木料，建小房间，高价出租。他说，小时候听说一个房间，租价不过制钱二百余文。现在上涨至三四百文，租价几乎翻了近一倍。这就是住房制度受到市场机制的冲击，国有住房变成商品房的写照。

在漕粮供给制度中，政府设立官米局，不仅直接参与米粮交易，与民争利，而且官米局成为官员腐败的温床。政府监管商人交易，对商人存储量进行控制，这使明代就已经存在的巨富粮商在清代前期不复存在。而市场则使政府无偿分配给八旗官兵的漕粮，由国有制变成了商品粮。道光时有一个叫穆齐贤的入籍旗人，在日记里记录了旗人领到俸薪、米票，或变现钱票，或从粮铺叫米的实际情况。可以看到，这时旗人自身并不去仓库领米，而是将自己的俸薪、米票，直接送到商铺那里，由商人去粮仓取米。旗人需用时，或变现钱票，或直接由商铺送米上门，这已经成为他们生活中一种常态。市场经济把社会中的所有人都调动起来，促使他们追求自身利益最大化，有大权的利用大权，有小权的利用小权，有钱的利用钱，有资源的利用资源，有经营能力的利用自身能力，什么也没有的人，还可以偷盗，目的只有一个——追求利益，使制度受到冲击，无法保持原有规则而逐渐走向衰落，乃至崩溃，同时腐败也更加深化。

理念与实践

清政府用制度控制资源配置的同时，也保存了市场机制自动调节价格的作用。随着实际变化，政府不断修改住房政策，从开始的全部占有，到部分占有；从禁止买卖，到不得不承认既成事实，一步一步地承认，一步一步地退让。政府引入市场机制将福利分房变为货币化，也是因时利用市场的方法。政府给官房定价政策时，要求核对原房契价格，就是原契的市场价格。估价低于契价，官定价格会比市场价格低；估价高于契价，官定价格比市场价格高的情况。这样当官房定价低于市场价，政府所得就会减少，若高于市场均价，就会有人不买官房，而购买市场上的商品房，所以政府在雍正、乾隆、嘉庆时期的几次价格调整，都是以市场价格为标准进行的。乾隆帝认为：国家立法，原是因时制宜，不可成为定例。这里政府提出了建立制度及推行政策应当遵守的理念，即因时制宜，说明制度在政府看来并非是一成不变的，而是动态的，可以因时势不同而改变。由于仓储存粮爆满，政府开始考虑暂停漕运。在康熙、雍正、嘉庆时，都有类似的改革提议，虽然都被既得利益官员否决了，但可窥见政府及官员根据实际改变制度的意图。

政府对市场粮食价格的认识是通过调查商人交易过程而完成的。早先康熙帝就想，按理说八旗人食漕粮，应该与市场米价无关，可为什么漕粮的发放影响了市场上的粮价呢？经过调查发现，官兵将分配给自己的粮食，拿到市场上出卖，使旗人食粮与市场有了联系。以后各时期政府都对市场粮价十分关注，令官员奏报粮价。有官员留心察看，发现在正阳门和东直门外的粮食市场上，有大商人等铺户，每月于附近庙中，开会议一次，汇集各地粮价情况，从而决定市场上的粮食价格，并通过这种方式操纵整个行业的价格。认识到价格形成的过程后，政府根据市场粮价的变化，采取调节支放俸、甲米的时间，降低平粜粮米的价格等调

控粮价的做法。也有官员提出规定市场价格，统一粮价。但是政府认为，若限制价格，不但要被人议论，强制买卖，百姓反而不得利益，国家没有这种强迫定价的政体。政府认为粮价高低，只操纵于商人之手，但是不知道商人受市场机制调节的道理。政府建立制度及推行政策，遵守因时制宜的理念。在推行制度和政策中不断调整执行的边界，也可以说是适应变化的市场。这种政策延续至道光及其以后年间，证明政府的因时制宜就是适应市场机制变化，也是实践的准则。

结　论

双轨制是由政府以巩固统治为目的，以权力占有、控制资源为主导而运行的一种经济制度。政府延续中国传统的专制体制，设立制度。双轨制度的产生是由政治体制决定的，也是必然的。

双轨制不符合市场机制规律和商品经济的客观要求，人为建立制度产生了许多弊病。市场配置资源最基本的就是价格理论，在没有政府干预的情况下，市场上商品价格的高低价差，促使商品流通，产生商人倒卖倒买，这种非正常的竞争手段，也使官员涉及其中，依靠寻租贪污国家财产。因此，双轨制度中任何一方面都存在明显的缺陷，都不能独立解决住房与粮食的问题，在实践中不能长久延续，最后的结局就是并轨。政府利用权力配置资源，其行为准则是因时制宜，正好与市场机制的力量起着相同方向的作用，政府随着市场的导向，不断修改制度。政府行为不是创造制度，占有资源，而是监管市场中不合理的现象，这种干预作用不能过强，只有按照市场经济的发展规律，因时制宜，才能解决好京城百姓的生活问题。

（作者为北京社会科学院历史研究所副研究员）

量化经济史研究之三

林 展

本文介绍两个发表在经济史顶级期刊 *The Journal of Economic History* 上的量化经济史研究。第一个研究讨论了 20 世纪美国乡村免费邮件递送项目对于美国选举政治的影响。第二个研究以苏联解体为背景，讨论了计划经济时期的人力资本对转轨之后知识密集型产业地区分布的影响。

20 世纪早期美国乡村免费邮件递送服务对于选举政治的影响

信息传播方式的变化会同时改变选民和当选者的行为。对于是否参与投票、把票投给谁、与其他投票人沟通，以及与候选人沟通等决策，选民需要依赖从候选人、媒体和其他选民处所获得的信息。但是，通常情况下，信息网络和大规模媒体往往与政治活动密切相关，这使得考察和量化分析出信息传递对于政治行为的影响变得困难。

Perlman 和 Schuster 的论文 "Delivering the Vote：The Political Effect of Free Mail Delivery in Early Twentieth Century America"，利用 20 世纪初期美国乡村免费邮递项目，讨论了信息获取方式的改变对于选举政治的影响。

20 世纪初，美国社会见证了信息收集和传播方式的重大转变。卷筒纸轮转印刷机使得大规模印刷报纸和杂志成为可能。收音机的使用使得传播信息的边际成本大大下降。电报和电话加快了信息的传播速度。这些方式极大地影响了政治过程，因为他们改变了选民获取信息的方式，以及候选人和政党向选民传递信息的方式。

1. 什么是乡村免费邮递项目

对于农村居民而言，信息传播方式的进步尤其重要，因为农村地区信息闭塞。相对于农村居民，城市居民在 1863 年已经享受了到家的邮件递送服务，以及离住址不远的邮局服务。而农村居民离最近的邮局通常有数公里远，去到最近的邮局至少需要 3 个小时。1896 年政府开始建立乡村免费邮递项目（Rural Free Delivery，下文简称 RFD）。这里"免费"的含义是，在邮费之外，没有其他费用。

RFD 显著增加了乡村与外界的信息交流，这主要是通过增加收发信件的数量和报纸的发行量起作用。收发信件的增加影响了双边的信息流动，而报纸发行量的增加则改变了信息扩散的方式。这改变了乡村社会的信息传播方式和结构，进而改变了选民做决策的方式以及他们与议会代表的关系。

2. RFD 对选民行为的影响

作者首先考察了 RFD 对于选民投票率的影响，发现 RFD 对于总的投票率的影响不大。但是 RFD 增加了议会选举的竞争性，农村地区的选票投给了更多的政党，这种竞争性的增加对小的政党更有利。具体来说，作者发现，随着 RFD 的增加，投给民主党和共和党之外的小党派的选票也随之增加。

产生这一效果的主要原因，是 RFD 增加了报纸的发行数量。这使得乡村选民与那些小型政党和候选人的接触更多。一些小政党，比如绿币党（美国南北战争后成立的政党，主张联邦政府发行的不兑换纸币为唯一货币）、平民党（19 世纪后期美国中西部和南部农业改革者的政治联盟，主张自由铸造金银币及铁路国有化等政策），还有美国农业保护者协会一直是重要的政治力量。由于缺乏集中的政治组织，在 RFD 之前，这些政治团体很难将他们的主张传递给选民。有了 RFD 之后，他们的政策主张能够更加便捷地传递到农村。

作者的统计结果发现，平均来说，一个地区每增加一条邮递路线，选举中获得一定选票的政党数量将增加 0.0035—0.0055 个。

作者使用了两种办法来获得更准确的统计结果。首先，RFD 使得选民基本上很快就能够获得与选举相关的信息，因此，可以通过面板数据来解决不随时间变化的区县特征。其次，由于 RFD 的线路需要得到美国邮政管理办公室的批准，而该办公室要求 RFD 的线路是可以整年通行的。因此，作者使用 RFD 启动之前与公路质量相关的信息作为工具变量。这些变量可能与政治活动相关，但与政治活动的趋势并不相关。

3. RFD 对当选者的影响

RFD 也改变了当选的议会代表的行为。作者发现，RFD 使得众议院采取了更偏向于乡村社会选民的政策。这一转变主要体现议员对于限制移民和禁酒这两项政策的态度。

限制外来移民和禁酒与美国的本土化运动联系在一起，美国的本土化运动主张限制外来文化进入美国以及在美国的传播。同时，本土化运动的积极推动者往往也是乡村的保守党。

尽管不同的群体对于限制外来移民和禁酒都有不同的观点，但有证据表明，乡村地区对这两项政策的支持率显著高于其他地区。

作者分析发现，RFD 增加一个标准差，会使得议会对于禁酒的支持增加 0.92 个标准差，而对限制移民的支持增加 0.61 个标准差。

上述研究发现，信息获取机会的改变确实能够影响政治活动，美国乡村免费邮递项目的建立，使得选民能够有机会了解更多的政党，投票给更能代表他们利益的候选人，同时，也促使当选的议会代表投票支持对他们更有利的政策。

人力资本与知识密集型产业分布——来自苏联解体的证据

知识密集型的服务型产业（Knowledge-intensive business services，下文简称 KIBS）比如 IT、工程学、会计、审计、管理咨询等，对于地区经济增长非常重要，特别是对于大城市，更为重要。经济学家的研究发现，这些服务型产业的发展与所在地区的人力资本和知识输入高度相关。但是还没有建立起两者之间的因果关系。

利用苏联计划经济的解体这一自然实验，Denis Ivanov[①] 发现计划经济时期在不同的地区设置的科研机构，造成了一种路径依赖，使得计划经济被废除之后，科研机构规模越大的地区，知识密集型的服务型产业的规模越大。作者通过量化分析发现，人力资本的外溢性是产生这一结果的最可能的解释。

---

① 原文来源：Ivanov D. Human Capital and Knowledge-Intensive Industries Location：Evidence from Soviet Legacy in Russia[J]. *The Journal of Economic History*, 2016, 76(03)：736—768.

1. **计划经济时期苏联科研机构的地区分布**

在计划经济时期，由于民营经济非常有限，KIBS 行业的规模也很少，甚至有些行业不存在。工业企业主要依靠自身的研发部门或国有科研机构，军事导向的科研获得了政府预算的绝大部分。1983 年，超过 70% 的科研经费投入在国防。苏联的科研机构主要是政权成立后建立起来的，并且机构设置非常特殊，其与大学基本是分离的，大学主要只负责教学。因此，这些科研机构的设置和管理是高度集中和官僚化的。作者发现，这些机构和相关的知识密集型产业的设置很少考虑其可行性和市场条件，主要是基于意识形态、政治和军事原因。

2. **苏联解体后科研工作者的职业选择**

苏联在 1991 年解体之后，军费预算和公共预算中对于基础科学的支持大大减少。即使是那些民用的科研行业，比如对航空航天和电子信息的研究，预算也大为减少。这使得苏联的科学家面临收入下降、通货膨胀、实验室设施短缺、实验设备老化等问题。工作条件的恶化使得这些科学家从研发部门中流出。与此同时，新兴的知识密集的服务型商业提供了很好的机会。

对于苏联的科研工作者，有两个有利的因素帮助他们在苏联解体之后的过渡经济中取得成功。首先，知识密集的服务型商业通常需要采用西方的信息技术。在计划经济时代的苏联，相对于普通大众，科研工作者有更多的机会接触电脑、西方设计。因此，苏联解体之后，这些研究者相对于科研部门之外的社会成员，在吸收和采用西方的信息技术方面更有优势。

其次，研发部门是苏联尝试民营企业合法化过程中的试点部门。1987 年，青年科技创新中心在苏联共青团的监督下，推动技术产业化。他们的主要目的是推动技术从实验室走向企业。尽管规模有限，但是这些创新中心培养了一批商人。因此，科研工作者也有机会获得在私人企业的工作经历，这远早于大多数苏联民众。

3. **计划经济时期研发部门规模与转轨之后不同地区知识密集型产业的规模**

作者的统计分析发现，某个地区研发人员数量每增加 10%，会使 2011 年工程和建筑服务行业的雇佣人员数量增加约 4%、IT 行业的就业增加 2%—2.6%。

为了检验分析中可能存在的地区遗漏信息的影响，作者也考虑了 1991 年研发部门的规模（雇佣数量）对于 2011 年法律、审计和管理咨询行业的作用，发现作用比 IT 和工程行业要小很多。1991 年研发人员数量变动 10%，法律、审计和管理咨询部门就业人数的变动少于 1% 且不显著。这可以被当作一项重要的安慰剂检验，法律、审计和管理咨询部门与 IT 和工程行业有很多相似性，都是知识密集型的服务型商业，但是由于苏联的技术主要集中在工程领域，不太可能传导到法律等行业。如果不同的地区对于知识密集型服务型商业吸引力不同，那么，这种地区差异也应该影响到法律行业。这也说明，1991 年研发人数对 KIBS 的影响，不太可能是遗漏地区吸引力变量造成的。

上述发现是否有可能是由于今天的科研机构的影响，而不是苏联解体之前的知识溢出呢？作者使用 2011 年的科研人员数量代替 1991 年的科研人员数量。2011 年的科研人员数量主要反映从苏联时期继承下来的雇佣情况。作者推断，如果这种雇佣流出发生，那么由于许多研究者已经离开科研部门到了 KIBS 部门，而今天研发部门对于整体经济的外溢性更弱，那么，2011 年科研人员数量对于 KIBS 就业的影响应该是更弱的。分析结果表明，2011 年的科研人员数量对于 KIBS 就业确实没有显著的影响。作者认为原因在于相对于苏联时期，今天国有科研机构的力量已经大大减弱了。这也表明，计划经济时期研发人员由于苏联解体而流向 KIBS 部门产生的影响是一次性的，没有长期影响。

作者同时也考察 1991 年研发人员数量对于 KIBS 工资的影响。他发现，1991 年各地区的研发人员数量对于工资没有显著的影响。这表明这些行业的劳动力市场是整合的，要素价格已经均等化了。

另外，作者发现，这些离开原来体制的科研人员，仍然自愿留在当地。一种可能的原因是由于本地高人力资本群体的聚集，能够带来外溢效应。人类资本的外溢效应得到很多研究的支持。这种外溢性表现在很多方面。比如，工人之间相互学习；更高密度的技术工作使得分工进一步深化；工人之间的合作；便于创新的扩散；等等。

这一研究利用苏联时代研究机构的地理分布与市场经济无关这一历史事实，考察了苏联解体之后，知识密集服务型产业的就业规模，发现 1991 年研发人员越聚集的地区，在 2011 年，知识密集服务型产业的就业规模越大。这表明产业区位的路径依赖可能来自于外生的人力资本（更可能流动）而非物质资本。但是，这并非意味着苏联时代科研部门的区位安排是长期有效的。

（作者为中国人民大学清史研究所讲师）

通商口岸对近代经济与教育的影响

林　蠡

　　对外开放对经济发展有什么作用？对外开放又会给教育模式带来哪些改变？这三者之间有哪些内在联系？上述这些众说纷纭的问题，许多年来一直困扰着经济学家们。然而，如果将视角延伸到历史的纵向维度，回溯中国近代化的历程，那么问题就会变得容易理解了。本文试图探查自 1842 年开埠以来近代中国通商口岸对经济发展和新式教育的促进作用。

一、通商口岸与中国的近代化

　　口岸（port）是内地水路来往或由水路改其他水路航线的旅客和货物转载设备的总称，包括沿海口岸和内地口岸两种。1842 年鸦片战争失败后，中国与英国签订了《南京条约》，其中规定开放五个沿海口岸（广州、厦门、上海、福州、宁波）为对外的通商商埠，外国人可在这五口自由居住与贸易。随着此后历次战败与一系列不平等条约的陆续订立，中国被迫增开更多的沿海港口与内陆城市作为条约口岸，即所谓的"约开口岸"。到了 1894 年，条约口岸的数量增至 35 处，且大多集中于沿海沿江地区。

　　时人大多认为通商口岸对近代中国有不利的影响，如郑观应就曾指出："今日开海上某埠头，明日开内地某口岸。一国争，诸国蚁附；一国至，诸国蜂从。滨海七省，浸成洋商世界；沿江五省，又任洋舶纵横。独惜中国政府未能惠工恤商，而商民鲜有能自置轮船，广运货物，驶赴外洋，与之交易者。或转托洋商寄贩货物，而路隔数万里，易受欺蒙，难期获利。"① 由此可知，随着通商口岸数量的不断增加，西方列强更变本加厉地在这些地区掠夺中国廉价的劳动力和原料，倾销商品并输出资本。然而，各国洋商的纷至沓来，也在无意间把西方的现代工业文明、文化教育和生活方式等移植进来，并以该地为起点逐步向内地传播和推广。因此，从近代史的客观发展状况来看，通商口岸无疑是中国近代化进程的重心。

就经济方面而言，通商口岸是中国近代新式生产事业与商业活动的中心。以工业发展为例，随着民族工业所占比例的增大，经济活动逐渐集聚在通商口岸及周边地区。例如，构成近代经济发展关键组成部分的上海、广州、天津、武汉等工商业城市均为重要的通商口岸。单就上海一地而言，据全汉升统计，1911 年全国工厂共 171 家，上海有 48 家，占全国总数的 28.1%；1930 年时，上海工厂已增至 837 家，占到全国工厂总数 1975 家的 42.4%。与此同时，通商口岸城市工业化的进程也吸引了大量劳动力和人口的迁入，这对于近代企业之间的竞争、企业劳动生产率的提高以及城市化率的提升都大有裨益。

二、近代中国新式教育的发展与分布

中国教育近代化的进程始于 19 世纪 60 至 70 年代的洋务运动。当时，以私塾、书院等为核心的传统教育方式在近代西方思潮文化的冲击下已走到了崩溃边缘。为了适应洋务工业兴起的需要，洋务派大臣们兴办了电报学堂、船政学堂、军医学堂以及水师、陆军学堂等各种近代新式学堂，并雇用大量西方留洋归国者在其中任职。与此同时，洋务派从学"西文""西艺"开始，开设了自然科学的数、理、化、天文、医学、生理等学习科目。这不仅使得就学人数越来越多，也使受教育年限大大延长。

随着中国近代民族工业的发展和"戊戌维新"思潮的启蒙，"新式教育"的层次进一步提高，高等学堂也伴之而来。到了 20 世纪初，清末新政使近代中国的教育体制发生了质化。在"上师三代建学之深意，近仿日本文部之成规"的奏请下，清政府废止了延续千余年的封建科举制度，取而代之的是适应时代进步、社会发展的新式教育模式。此后，无论是学校数目还是在学人数均在新政推

---

① 夏东元:《郑观应集》上册,上海人民出版社 1982 年版,第 610 页。

动下迅猛增加。其间，私立学校大批涌现，初等教育也得到飞跃发展。据学部公布的全国初等教育在学人数调查，1902 年为五六千人，1905 年即超 23 万。[1] 在高等教育方面，1909 年时高等专门学校已有 111 所，在校人数达 20672 人。[2] 到了民国时期，实业教育、师范教育在规模和覆盖面上也都有了扩展趋势。国民政府还专设了教育部，不仅将教育经费正式列入政府财政公共支出之中，还先后颁布了《普通教育暂行办法》《中学校令》及《大学令》等法令条例以进一步规范新式教育体制。

近代新式教育发展的最大特征表现为地区间的分布差异和不平衡，它们大多集中于通商口岸等地。这里就体现近代新式教育程度的留学生、新式学堂和教会学校等方面分别展开讨论。

1. 近代留学生

"在对西学的吸收和引进上，留学生是承受和集成者；在对中学的改造和构建上，他们又是前驱和开路人，他们是中西学融会的主要载体。"[3] 近代留学始于 1872 年的幼童留美。在 1872 年 8 月到 1875 年 10 月期间，共有 120 名幼童分四期相继出发赴美。他们基本来自于通商口岸地区，其中广东、江苏、浙江居前三，分别有 84 人、20 人和 9 人。[4] 此后，从海军留欧到甲午战后留日、庚款赴美，留学人数逐渐增多。甲午战争以前，留学生的分布绝大部分集中于各通商口岸。甲午战争以后，留学生的分布也随着西方列强的势力由东南沿海各省逐步向长江流域延伸。这些留学生较早地接受了西方资本主义的教育熏陶，留学归国后也大多留在通商口岸或回到原籍，并从事与教育有关的如翻译、出版等工作，进一步推动了中国传统教育的变革和新式教育模式的诞生。

不仅如此，集中于通商口岸等地的归国留学生，对于这些地区经济近代化的进程也起了重要作用。最明显的例子是，地理位置优越、通商口岸遍及的东南沿海各省最先接受欧风美雨洗礼，因此在近代化方面也起步最早。

2. 新式学堂

鸦片战争的失败使国人认识到传统教育的弊端，一大批清代官员主张引进西

---

① 周予同：《中国现代教育史》，良友图书印刷公司 1934 年版，第 137—139 页。

② 陈翊林：《最近三十年中国教育史》，上海太平洋书店 1930 年版，第 237—238 页。

③ 赵晓雷主编：《中国经济思想史》，东北财经大学出版社 2007 年版，第 221 页。

④ 陈学恂、田成平：《中国近代教育史资料汇编·留学教育》，上海教育出版社 1991 年版，第 686 页。

方的科学技术，并先后创办了大批传授外语、军事知识、制造技术等内容的洋务学校，这也成了中国自办新式学堂的开端。换言之，洋务运动对人才和科技的需求，直接推动了以"西学"为主要内容的新式学堂的建立。

洋务派的主要代表人物均生活在通商口岸地区，新式教育自然也首先在这些地区萌芽。据统计，至甲午战争前后，全国已有各类新式学堂 37 所，其中 48.6% 集中于东南沿海，长江流域 13.5%，以两湖、江浙和广东为主。[①] 维新时期也创办了一些新式学堂。该时期的新式学堂分布虽更为广泛，但数目最多的不外乎以通商口岸城市为中心的江苏、浙江等省。废除科举制度之后，更多的新式学堂如雨后春笋般兴建起来。1902 年，全国共有新式学堂 35787 所，学生 10 万余人；1909 年增至 59117 所，学生人数超过了 160 万。[②] 总之，近代新式学堂集中在两湖、江浙、广东等地，出现"南盛于北、东盛于西"的局面，这种特征也因此渗透到近代经济发展方面。

3. 教会学校

第一次鸦片战争之后，教会学校因西方传教士的涌入而兴起。到 1860 年，天主教耶稣会在江南一带兴办的天主教小学共 90 所，设于"五口"的基督教新教小学达 50 所，学生 1000 余人。[③] 第二次鸦片战争之前，教会学校均集中于香港以及五个开放的通商口岸城市。作为布道的辅助机关，早期的教会学校大多附设于教堂，规模也较小。但教学内容已十分全面，除了宗教，还包括数学、天文、地理等课程，甚至还有外语课、科技常识。第二次鸦片战争之后，西方列强获得了自由进入中国内地办学校的特权，各教会学校也由最初的"五口"扩展到内地，数量和规模自然迅速增加，后来甚至出现了教会大学。20 世纪初，通商口岸地区的教会办学进入鼎盛时期。1906 年，教会小学生有 42546 人，中等高等学校共 389 所，学生达 15137 人，总计 57683 人，到 1911 年时人数几近翻倍，达 102522 人。[④] 此外，传统教育近代化转变过程中最为缺乏的教师，也逐渐由教会学校毕业的通晓"西学"的学生担任，有效实现了新式教育模式的进一步

---

① 杨东梁：《晚清东南社会变迁与近代化智力资源积累》，载《史学月刊》，2002 年第 11 期，第 78—83 页。

② 陈旭麓：《近代中国社会的新陈代谢》，上海人民出版社 1992 年版，第 250—260 页。

③ 顾长生：《传教士与近代中国》，上海人民出版社 1981 年版，第 107—117 页。

④ 陈振江：《发微集》，中华书局 1991 年版，第 189 页。

深化。

　　总之，近代新式教育的兴起，颠覆了传统的教育模式，推动了近代经济发展，也导致近代人才分布和经济发展的地区间差异。正如熊月之所言："国人对于西学的反应百态千姿，笔墨难摹，竭诚欢迎者有之，全力排拒者有之，完全相信者有之，全然不信者有之，疑者参精者有之，始疑后信者有之，阳奉阴违者有之。总的趋势是，受众疑忌逐步消减，反对声音渐趋衰弱，新学影响日益扩大。"①

三、小结

　　基于近代教育的史实可知，通商口岸是中国近代文化与教育事业的发源地和中心，对近代新式教育的推广起到了关键作用。它既是近代学生留学海外的桥头堡，是中国新式学堂的摇篮，也是教会学校传播西方文化的起始地。与此同时，这部分受教育者掌握了近代工业需求的知识技能，在辛亥革命之后逐步涌入城市，主导了近代最大的工业化与城市化浪潮，促进了工业劳动生产率的提高和城市化率的提升。

　　综上所述，通过探究通商口岸、新式教育与近代经济发展三者之间的关联，我们发现：通商口岸对近代经济发展有显著的促进作用，这是因为通商口岸为近代新式教育的出现提供了条件，具体表现为留学生、新式学堂和教会学校等新生事物于通商口岸的兴起，进而通过人力资本的作用提高了工业劳动生产率与城市化率。

（作者为上海财经大学公共经济与管理学院博士后，经济学博士）

---

① 　熊月之：《晚清新学书目提要》，上海书店出版社 2007 年版，第 1 页。

155

抵货运动的贸易效应及其超越

——以 1927 年抵制日货为例

梁 华

中国近代史既是一部列强的侵华史，同时又是一部中国人民的抗争史。在同列强的抗争过程中，声势浩大的抵制洋货运动具有十分特殊的意义。抵货运动的直接效应是贸易效应，即将洋货拒于国门之外，或减少中国对洋货的进口。抵货运动还会引发产业发展效应，即抵货运动的贸易效应产生之后，国内产品获得广阔的市场，国内资本获得进一步发展的空间，从而带动国内产业发展。这是正面效应。抵货运动也会带来负面效应。由于大量的国外产品被拒于国门之外，中国居民就无法消费相关国外产品，这会带来消费者福利下降。与此同时，类似于现代的贸易保护措施，"抵货运动"实际上扶持了国内低效率厂商的生产和经营活动，构成了较大的扭曲。消费者和生产者两方面因素均可能造成整个国家的国民福利下降。

声势浩大的抵货运动是民族主义情感的表达媒介，但同时可否也成为国民福利提高的推进器？该问题之复杂程度不亚于鱼和熊掌之争。除去表达民族主义情感，抵货运动是否具有经济效应，是我们探讨的重点，直接的贸易效应既是理清抵货运动经济效应的起点，又能从一个侧面评估中国人民反帝爱国运动的成效，还可以揭示出特定时期中国民族工业得以发展的部分原因，是本文探讨的核心话题。

从甲午战争之后，日本成为侵略中国的最主要国家，众多的反帝爱国运动都是针对日本侵略者展开的，其中抵货运动又多次以抵制日货为主要目标。1927年 4 月以后，日本田中内阁为阻挠北伐军前进，勾结英、美等帝国主义派兵炮轰

南京，使中国军民死伤两千余人，并且日军在汉口登陆。这些侵略行为引发了激烈的抵制日货运动。在苏州、长沙、上海、广州等地都进行了反日示威活动和抵制日货运动。在抵货运动高涨时期，日本大阪的仓库中，日纱因抵货运动不能输华，迫使日本纱厂压缩生产，并导致日本棉织品价格下降。因此，选取抵制日货进行考察就非常具有典型意义。杨端六、何厚培于 1931 年编著的《六十五年来中国国际贸易统计》中包含 1926 年至 1928 年三年中国同主要贸易伙伴细分商品的进出口量值，成为定量考察中国近代贸易问题的珍贵资料。基于历史背景和数据的可获得性，我们尝试选取 1927 年爆发的抵制日货事件进行分析。

统计调查数据：1927 年进口减少，1928 年进口增加

看一下中国从各国进口的总体态势。1927 年，中国从美国、英国、俄国等国家的进口比上一年有所减少，特别是日本，其 1927 年的进口额比 1926 年减少了 12.8%，总体来讲，1927 年中国进口多呈现下降态势。1928 年，尽管相比于美、英、俄等国，中国从日本进口额增幅较小，但总体来讲，中国进口大多呈增长态势。

对日本两年的数据进行纵向比较，在 1927 年爆发抵制日货运动之后，1928 年中国从日本进口额反而比上一年有所增长。对 1928 年的数据进行横向比较，从日本进口的增长率虽然低于美、英、俄、澳等贸易伙伴，但高于亚洲贸易伙伴和南非洲。不仅 1927 年情况如此，1919 年和 1925 年均发生过较为重要的抵制日货运动，然而，这两年从日本进口均呈上升趋势。

再来看华商纱厂联合会的调查。根据华商纱厂联合会的报告，抵货运动后，日本在华纱厂的产量受到了很大打击。其数据显示，在 1926—1927 年，中国华商纱厂的产量为 1261000 包，在华日本纱厂的产量为 718000 包；1927—1928 年，华商纱厂产量增至 1378000 包，在华日本纱厂产量减至 696000 包。

以上数据表明，1927 年抵制日货运动爆发后，中国从日本进口显著下降，这是否就表明抵货运动具有显著的贸易抑制效应？而 1928 年进口增加，是否就意味着抵货运动效应消失，甚或并未见效？

通过对历史数据的简单描述和比较直接得出抵货运动产生了明显效果或未产生明显效果的结论会有失偏颇。抵货运动之后的进口较运动发生前有所下降，并

不意味着抵货运动产生了直接的贸易效应。这种下降可能是由于其他因素产生的，例如中国从整体上收缩了进口、世界贸易整体上发生了萎缩等。近代时期，影响中国进口的因素很多，这些因素交织在一起使抵货运动的效果不易被揭示出来，因此，仅对数据进行简单比较，并不能清晰地识别抵货运动效果。

倍差法识别：1927年抵货运动效果显著

进口减少不一定是抵货运动导致的结果，而进口增加也不意味着抵货运动未产生效应。为了科学严谨地识别抵制日货运动所产生的贸易效应，我们使用倍差法考察1927年抵制日货运动产生的贸易效果。

近年来，倍差法在考察外生冲击效应中得到了广泛的运用。概括地说，如果一些个体受到了一个外生冲击，这些个体就构成了处理组（treatment group），未受到冲击的个体就构成了对照组（comparison group），如果在冲击发生前后，处理组和对照组所面临的其他一切条件均相同，就可以使用倍差法来考察这一外生冲击对处理组相关指标的影响。

近年来，与本文研究领域接近、用倍差法考察贸易领域冲击所产生效应的文献近年来逐渐增多。Pavcnik于2002年考察了智利的贸易自由化政策对国内厂商生产率所产生的影响，发现贸易自由化使进口竞争商品部门的厂商比非贸易品部门的厂商的生产率平均提高3%至10%。Trefler Trefler于2004年考察了美国—加拿大自由贸易协定对两国厂商劳动生产率和就业的影响，发现加拿大受关税减少影响最大的进口竞争部门的就业减少了12%，而劳动生产率提高了15%；美国受关税减少影响最大的部门的厂商提高了劳动生产率，提高幅度为14%。Tang和Wei于2008年考察对外的贸易自由化承诺对一国经济改革进而经济绩效的影响时，发现严格遵守入世承诺的国家比其他国家的收入增长更快。Bown和Crowley在2010年以印度为对照国，检验中国入世前遭受美国和欧盟反倾销措施产生的影响，发现对华反倾销并未引起明显的贸易偏转效应。

对于近代中国各类商品的进口来说，抵货运动无疑是外生冲击事件。抵货运动属于反帝爱国运动，尽管历次运动爆发的具体原因有所差异，但其共同之处在于列强加紧对华侵略或是有激起群众怒火的事件发生。因此，抵货运动并非针对洋货进口本身，不是直接由洋货进口的增长幅度决定的。这就给我们提供了一个

考察外生冲击所产生贸易效应的自然试验，并可以让我们使用科学的方法识别抵货运动这一重要历史事件产生的直接效果，从贸易的视角对抵货运动进行评价与反思。

使用1926年至1928年中国从17个贸易伙伴细分商品的进口数据，运用倍差法进行定量分析，考察1927年抵制日货运动的贸易抑制效应，结果表明：无论使用进口总额数据，还是将各种商品的进口数据进行混合，或是将各种商品归入相应行业分别进行回归分析，均得出此次抵货运动显著抑制了日本产品对华出口的结论。

按照行业划分的检验表明，此次抵货运动对日本各行业对华出口均产生了明显的抑制作用，但不同行业受抑制程度存在一定差异，其中纺织品受到的抑制程度最大，1927年抵制日货运动使日本对华出口增长率比其他贸易伙伴对华出口增长率降低了3%，而食品行业和工业原料行业的抑制效应分别为1.89%和1.14%。

按照加工程度划分的检验表明，此次抵货运动对日本初级产品和工业制成品的对华出口，均造成产生了显著的抑制作用，相比而言，对初级产品的抑制作用较大，使其对华出口增长率比其他贸易伙伴的对华出口增长率降低了2%，而工业制成品受到的抑制程度相对较小，仅为0.5%。

抵货运动在中国蓬勃兴起的一个原因在于受抵制国的货物在华大量存在，若受抵制国的货物不是普通民众的日常消费品，则抵抗列强的民族热情也无法发展为大规模抵货运动。因而，从实践来看，受抵制国均对中国有大量出口，而受影响最大的产品以日常消费品为主，本文计量结果揭示了初级产品受到比工业制成品更为严重的冲击，也从另一个侧面揭示出抵制日货的群众基础和运动导向。

抵货运动贸易的效应：超越贸易利益

从现代国际贸易的理论出发，自由贸易能使一国福利实现最大化，而抵货运动实际上是偏离自由贸易的扭曲活动，会降低发起国的国民福利。在实践中，本轮经济衰退中2008年全球经济危机之后，美国政府的"购买国货"条款与抵货运动类似：在全球经济危机的背景下，美国众议院于2009年2月批准了总额为7870亿美元的经济刺激计划，其中要求获得振兴款的公共工程只能使用美国制造的钢铁。但同抵货运动相类似，"购买国货"条款并非排除所有的进口活动，欧盟、加拿大、日本等同美国政府签有互惠采购协议或双边自由贸易协定的贸易伙伴，仍可参与到振兴工程之中，由于其他贸易伙伴被排除在外，因此这些贸易伙伴不仅不会受到振兴方案的冲击，还会因该方案而获取更大利益。尽管如此，在自由贸易理念深入人心的今天，"购买国货"条款招致了各方的不满，既有来自其他贸易伙伴的批评与报复，又有来自国内各界的反对。这种批评与反对意味着，"购买国货"条款不仅有损于部分贸易伙伴的利益，也将使美国的总体国民福利受到损失。从表面看，中国半殖民地半封建社会的上述抵货运动，作为"中国近代民族主义"的重要表现，似乎也是以损失全体国民福利为代价的。但问题的关键在于，在特定历史背景下发生的、渗透着民族主义的抵货运动，不宜单纯从经济福利的角度考察其效应。

在频遭列强欺凌，甚至面临亡国灭种危机的形势下，抵货运动对民族工业发展的推动作用、对列强侵略的抵御作用、对民族精神与力量的彰显作用，都会超越贸易利益而使其具有必要性。而上述作用的发挥需要以抵货运动对洋货进口的抑制效应为基础，只有对洋货进口产生了显著的阻碍作用，才能使民族企业生产的产品在国内市场占有一席之地，才能打击侵略者的嚣张气焰。

本文选取的了典型的抵制日货案例，通过科学严谨的经验分析表明，至少在短期，抵货运动的确产生了显著的效应，相比于未受到抵御的贸易伙伴，日本对华出口的增幅明显受到抑制，抵货运动实现了其既定目标，成为近代中国人民反帝爱国运动中的重要一环，是中国人民抗争史上的光辉一页。

本文考察的历史事件发生于近代，但其政策含义可以辐射到当代。政府在制定公共政策时会权衡贸易利益和更广泛的民族利益，审时度势，寻找二者之间的平衡点，从而在经济全球化条件下，制定和推动更符合本国整体利益的贸易政策。

（作者为中国社会科学杂志社编审）

他山之石

斯里兰卡游记

陈　宪

自然风光、度假酒店和基础设施，是今年春节期间在斯里兰卡旅游过程中，给我留下最深刻印象的三个方面。当然，还有一些其他见闻。拙文按照行程，并加上随想，将它们记录下来。

一

2 月 5 日，我们的旅行团从上海浦东机场出发。到达 216 登机口时，导游告诉我们，这个航班上有 5 个去斯里兰卡的旅游团队。因为 216 登机口和 215 在同一个小候机厅，所以，当我看到一个日本旅行团时，想当然地认为，他们是 215 登机口回日本的。过了一会儿，机场广播，飞科伦坡的航班改到 27 登机口。此时，人们开始向那里移动。日本旅行团也在导游的带领下走向 27 登机口。哦，他们是在上海转机去科伦坡的。

这使我想起 20 世纪 90 年代末去美国访问，我们飞纽约的航班是到东京转机的。那时，东京成田机场是亚洲为数不多的枢纽港。亚洲各国直飞美国的航班甚少，大多先飞东京，然后，东京飞纽约、洛杉矶、芝加哥、底特律等，陆续从成田起飞。现在，日本部分城市的游客将到上海转机作为一种选择（想必东京有直飞科伦坡的航班），说明浦东机场已成为一个枢纽性空港。是否为枢纽港，应该是空港国际化的重要标志之一。

在机场还发现，日本团的那位导游一直在跑前跑后，为团员服务，甚至在上飞机前就将入境登记卡发给大家，并指导他们填写。我们那位导游一直在和愿意

161

和他交流的团员聊天。我想，还是日本服务业的从业人员敬业。到了飞机上发入境登记卡时，我照例要了并填了，但发现其他团员都没有要，我当时还有点纳闷。下机后全体团员集中，导游把他帮大家填好的入境登记卡发给每位团员。我又一次想当然，便又一次错了，其实，中国导游更为游客着想。中国游客也都是熟门熟路，不出国门多次，怎能知道出境卡是由导游填写的？

二

由于航班晚点，本该当地时间晚 10∶00 左右抵达科伦坡的航班，在我们落地时已近子夜。办好出境，拿上行李，已是 2 月 6 日。据我观察，科伦坡机场的规模大致相当于 20 世纪 80 年代后期上海虹桥机场（也就是改造前的虹桥机场 1 号航站楼）的水平。

凌晨 2∶00，在希尔顿酒店睡下。一觉醒来，拉开窗帘，看到对面一个房屋改造工地，"中天建设"四个大字赫然在目，中国企业走到了世界的各个角落。这个酒店在港口附近，周边的情形表明，作为斯里兰卡首都，也是第一大城市的科伦坡，其建设水平与中国大中城市 20 世纪 90 年代的水平差不多。早餐后上车去第一个景点，我开始看中国地图出版社的《斯里兰卡》，并向导游了解一些基本情况。这个国家的总人口 2030 万，总面积 65.6 万平方公里，人均 GDP 3650 美元（地陪导游告诉我的数据，书中的数据是 2926 美元，估计是比较早的数据），比邻国印度 2015 年的 1688 美元高一倍多。我向他了解斯里兰卡的贫富差距，他告诉我，比较小，斯里兰卡老百姓比它的邻国印度的老百姓幸福得多。关于这两个国家的比较，是一个有点意思的话题，后面再展开。

当天看了一个大象景点，攀爬了曾经是王宫的狮子岩，然后就直奔酒店。导游说，我们当晚入住的酒店 Heritance Kandalama Hotel（肯达拉玛遗产酒店），是入选《国家地理杂志》的 50 家酒店之一，之后在酒店的名片上又看到"2013 获得旅行者选择冠军"字样。这家酒店可以说没有商务功能，只有度假功能。它建在并不容易到达的山坳里，面对着一个湖，湖和山之间还有大片的湿地。从酒店看出去，周边就是原生态的自然环境。看原生态，是斯里兰卡旅游的精髓。对我这个游泳爱好者来说，酒店的泳池实在是太棒了，它依湖而建，美不胜收。办完入住，天已经有点暗了，但我还是下去游了几圈，但未能尽兴。一些真正来度假的游客，每天在泳

池泡个半天，游游泳，晒晒太阳，看看书，实在是一种很难形容的惬意。

三

第三天即 2 月 7 日的行程，是前往斯里兰卡的文化首都康提市，游览了两处佛教圣地和国家植物园。

我对佛教素无研究，了解甚少。斯里兰卡人中，3/4 是僧伽罗人，信奉佛教，是小乘佛教；15% 是泰米尔人，分别是斯里兰卡的泰米尔人和印度的泰米尔人，信奉印度教；还有一些信奉伊斯兰教的摩尔人。我们在科伦坡、中部山区和南部海滨旅游，遇到的几乎都是佛教徒，僧伽罗人。通过在佛牙寺的参观，以及对佛牙节的了解，我发现，佛教在斯里兰卡有着特殊的、至高的地位。

斯里兰卡的国家植物园并不很大，但由于地理位置的缘故，植物种类非常多。里面有一处建筑曾经是英国总督的官邸。对于中国游客来说，这个植物园的特殊意义在于，周恩来总理于 1957 年到访斯里兰卡的时候，在这里栽下了一棵象征中斯友谊的树（Trumpet tree）。20 年后，他的夫人邓颖超同志专程来到植物园，又栽了一棵相同的树。在这个植物园漫步，想到前一段我在香港的郊野公园行走，都会感觉到它们和现在中国大陆的一些相似旅游景点的不同，那就是，斯里兰卡国家植物园和我国香港的郊野公园没有商业设施，没有乱扔的杂物和异味，游人尽享恬静，倍感舒适。看来，让旅游回归其自然本质，我们还是要向人家学习。

四

2 月 8 日的主要项目是坐"茶园火车"。乍一听，我以为是坐类似台湾阿里山的那种专门为旅游者开行的火车，其实不是。我们坐的火车就是斯里兰卡一般的火车。从康提市的一个车站出发，到一个叫努沃勒埃利耶的山区城市，这里是去往霍顿平原国家公园的前站。行程 90 多公里，要走 4 个多小时。乘客中只有很少一部分是旅游者。

坐上这趟火车，首先想到的就是在电视中常看到的印度火车：车厢比较破旧，车门是不关的，人们趴在车窗口，站在或坐在车厢的门口。尽管这两个国家的火车差不多（斯里兰卡火车的事故好像比印度少很多），但在其他方面，差别还是蛮大的。就人口和经济总量而言，印度是一个大国，斯里兰卡是一个小国。就科技水平而言，二者基本没有可比性，印度能够发射卫星，有自己的战斗机和核武器，斯里兰卡甚至都不具备生产家用电器和汽车的能力。但是，斯里兰卡看上去更为发达，它的人均 GDP 更高，城市规划更为规范，国民（尤其是女性）的受教育水平更高，人口增长也更为缓慢。印度的贫富差距甚大，而斯里兰卡的贫困人口却少得多。尤其在文明程度方面，人们在印度遭遇的问题——肮脏、蚊患、游客陷阱、交通混乱、不洁的食物和水，在斯里兰卡是不会遇到的。有人在一篇斯里兰卡的游记中写道，尽管经历了 25 年的痛苦内战，尽管缺乏足够的财富，这个小小的岛国却似乎已经找到一种方法，能够为其人民提供合理的生活水平。

20 世纪 60 年代，我几乎每年暑假都去杭州的姑父姑妈家。那时从上海南面的徐家汇火车站坐火车到杭州，要 6 个小时左右，平均时速也就 20—30 公里，和现在斯里兰卡的火车差不多。但是，我记得，那时绿皮车很干净，列车员不时地拖地，每停一站后给乘客倒水，很是温馨。当天，我在车站看到值班员和司机交接"路签"：一个圆形的铁环，环扣内有行车指令。这又使我想起 20 世纪 70 年代在铁路派出所工作时，我被派到小站驻站，那时中国的火车也是这么运行的。近十多年来，中国的铁路发生了颠覆性变化，大国优势、规模效应还是蛮重要的因素。"一带一路"战略如何帮助斯里兰卡的基础设施上水平，既值得期待，又有许多困难有待克服。

五

2 月 9 日，起了个大早，5 点便从酒店出发，去往霍顿平原国家公园。半个小时的盘山车程，近一个小时的等候和检查入园（任何可能对环境有影响的东西都不能带入，甚至包括瓶装水上封口的塑料纸），然后开始景区内总长约 9.5 公里的环形徒步。我觉得，斯里兰卡之行最壮观、最值得看的景区，就是霍顿平原国家公园。这是因为，它比较奇特。现在看到的许多海景、湖景和山景，大多大同小异。这个面积达数十平方公里的平原，在海拔 2300—2400 米的高原上，仅凭这一点，就应该是为数不多的。在霍顿平原的自然生态中，空气之洁净，是无与伦比的。尽管这 9.5 公里路有不少是上坡或下坡，路也不是很规整，但走下来

并不感觉累，我想，一个重要原因就是空气好，使人呼吸特别顺畅。这是这次徒步的一个体验。

霍顿平原国家公园是斯里兰卡唯一一个允许游客徒步的国家公园。行程中的一个景点叫"世界尽头"（World's End）。地球是椭圆的，本没有尽头，但这里有近千米的悬崖，站在高处极目远眺，就像到了世界的尽头。因为每年10月到次年3月是旱季，所以，我们此行没有受到云雾的影响，看到了最美的景色，还看到了80公里外的印度洋海景。

六

后面几天的景点都比较一般了。2月10日，经过6个多小时的跋涉，到了埃拉国家公园。安顿好了，就坐上一种高大的吉普，去看野生动物。一路颠簸，尘土飞扬，却没有看到人们最期待看到的野生豹，据说，它们下午一般不出来。其他的野生动物，像大象、孔雀、野猪和野牛等，都不是很稀奇的。倒还是酒店很不错，露天的晚餐，留下很好的印象。

2月11日，去往科伦坡附近的南部海滨。中途下来看一个叫"高跷钓鱼"的景点。据说是以前海边的渔民穷，没钱造船出海打鱼，只能在海边打下这些高跷，渔民坐在高跷上钓鱼。可见，生活水平决定于谋生手段。正如马克思所说，划分经济时代，不是看它生产什么，而是用什么生产。下午的加勒古城值得一看，它曾经是斯里兰卡的一个战略要地。尔后就去到当晚入住的酒店，又是一家规模很大的海滨度假酒店。我在晚餐前，到建在海边的游泳池，尽兴地游了十多个来回。

此行的最后一天，坐"海边火车"抵达科伦坡。这种火车更像城市的轨道交通，人比较多，很多人站着。午餐后，看了几个科伦坡的景点，如中国政府在20世纪50年代援建的斑达拉奈克国家会议中心。当晚的航班飞回上海。

作为一个经济学人，我在斯里兰卡看到了一个小国利用其自然禀赋的发展模式。当然，前提是在2009年，国家结束了内战，获得了政治、社会的稳定。不过，小国内战的背后，总有大国的阴影。导游告诉我，斯里兰卡人民现在深切地体会到，族群间和谐相处，放弃那些无谓的争斗，是多么重要。

（作者为上海交通大学安泰经济与管理学院教授）

不仅仅是候车——日本的火车站

祝曙光

东京火车站

　　铁路是日本人出行的主要交通工具，无论是上班、上学，还是购物、旅游，火车总是日本人首选的交通工具。日本人有下班在酒吧小聚的习惯，但聚会时间不会太长，以免误了最后一班火车。改革开放后最早赴日留学的一些中国人，为了打工多挣些钱，往往选择上晚班，下班后沿着铁路轨道走回住所，这成为人生

他山之石

奋斗史上难忘的一幕。

在日本，作为移动据点的火车站是一个集商业设施、文化设施和办公设施等多种设施并与车站浑然一体的有机体①，是一个多用途的公共空间，其所担负的功能不仅是候车，还具有餐饮、购物、交流、娱乐、教育、广告等功能，是人气最旺的地方。1965 年，日本铁路线长度为 20754 公里，设有 11519 个火车站，平均不足两公里就有一个车站，呈均匀分布状态。车站是一个地方的"玄关"，代表了一个地方的形象。去年我曾在奈良某大学担任研究员，多次乘坐火车外出，下了火车之后，我一般不会马上离开车站，而是在车站或车站附近溜达，购买生活用品、就餐，逛逛书店。规模略大的火车站大楼一般有三四层高，每一层都发挥不同的功能，如有的楼层是百货，有的楼层是超市，有的楼层是餐饮一条街，有的楼层是政府机关或公司办公场所。好几次我离开车站以后，一旦饥肠辘辘，很难快速找到中意的餐饮店。因此如想领略具有日本地方特色的美食，车站是一个不错的选择。

我常候车的车站是近畿铁道的"高之原站"。近畿铁道会社是一家私营铁路公司，简称"近铁"，其所辖线路全长 508 公里，是日本最长的私有铁路线，连接京都、大阪和奈良，线路延伸至日本中部的中心城市名古屋，沿线旅游资源非常丰富。高之原站在近畿铁道线上并不是一个大站，可它是高之原社区人流最集中的地方。社区居民以车站为中心构建自己的生活和工作。我在奈良期间，刚好有一位教授想购房，希望我帮忙参谋一下。我们看的第一处住宅是一所新建的独门独户的两层小楼，外墙呈淡绿色，房屋土地面积 198 平方米，售价约合 180 万人民币。我觉得挺好，环境清静，可教授不满意，因为从此处步行到火车站需30 分钟。这是我第一次听说购房必须考虑火车站的距离。教授告诉我，除了个别特大城市，日本人购房首先考虑的是所购房屋与火车站的距离，远离车站的房屋是无人问津的。紧接着我们又看了一处房子，也是两层小楼，土地面积也是198 平方米，楼上四室，楼下一室和一个客厅，日照充足，环境优雅，房屋东南角有两个私家车位，步行 12 分钟即可到火车站，售价 2580 万日元（约合 155 万元人民币）。但教授仍嫌房屋距车站太远。最后在车站附近购买了一处土地面积186 平方米的两层小楼，可房价要高出前两处房屋一大截。日本是一个人多地少

① ［日］田村圭司：《步入东京站"100 年之谜"》，中央公论社 2014 年版，第 28 页。

的国家，可是房价为什么那么便宜呢？面对我的困惑，教授告诉我说，其实很简单，政府不允许炒房，所以老百姓没有买房的冲动和紧迫感。确实如此，教授已年满60岁，一直居住在政府提供的公租房里。

在日本居住时间长了，我才慢慢体会到火车站不仅是一个候车的地方，而是一个资源聚集地，车站附近云集了学校、医院、商场、银行、公司、药店、住宅区、休闲娱乐设施等，形成了"聚集经济"效应，也使生活在火车站附近的人们享受到了便捷和多姿多彩的生活。

全长508公里的近畿铁道设有大小车站294个，分为京都线、奈良线、大阪线、天理线、难波线、志摩线、吉野线等，从京都到奈良的京都线，不过区区40多公里，却设有28个车站。为了提高列车运行效率，并不是每一列火车都遇站即停。在日本传统铁路上运行的列车等级分为普通列车、准急行列车、急行列车以及特急列车。急行及急行以下列车，票价相同，而乘坐特急列车，须在车票基础上加购一张特急券，价格基本上与车票相同。因此车站规模有大小，有些车站只有几个工作人员，甚至没有工作人员，旅客自己在车站的自动售票机上购票进站；如果来不及购票也可上车买票。所以火车司机还要充当售票员和检票员，自然也无安检，节约了不少人力、物力。无论车站规模多小，它都居于当地社区的中心地位。我曾在四国地区的一个火车站候车时与一位上了年纪的工作人员闲聊，得知他是该车站唯一的工作人员，也是站长。老站长爱岗敬业，把小小的车站布置得温馨可爱。由于车站是当地孩子上学候车的主要场所，老站长用了一尊熊猫模型当名誉站长，无微不至地关心孩子们，引导孩子们有序上车，向孩子们讲授交通安全知识，深受孩子们喜爱，孩子们写给老站长的感谢信贴满了展板。老站长每天7点到岗，18点下班，中间稍事休息，已在车站坚守了7年，每周另有工作人员来替换他。车站虽小，却功能齐全，设有观光介绍室。候车室内摆放着社区居民做的干花作品，墙上有当地举行摄影大赛的广告，一些优秀摄影作品被制成小幅照片编号后予以张贴，旅客可订购，每幅售价120日元。

铁路不仅是日本城市之间的主要交通工具，而且连接各个社区，使得城市化在空间上呈持续扩大趋势，在郊区和远郊区产生了诸多以火车站为中心的小城镇，这些小城镇以居住功能为主，分散和吸附了大城市的过剩人口，避免出现城市过大、人口过多、环境污染、交通拥堵的"城市病"。早在战前就有企业家和学者呼吁建设人口限定为3万人的"田园都市"。为此铁路公司沿村庄、寺庙神社设立火车站，吸引人口向郊区和远郊区迁移，导致不少村庄消失，被编入城镇序列。所以日本的许多"市"，人口不过几万人，其规模与中国的"市"不可同日而语。许多中产人士，上班在大城市，家在郊区。有些城镇为了控制人口规模、保持高品质，通过征收高所得税限制低收入者入住。为了方便社区居民生活，铁路部门和地方政府以车站为核心进行市镇建设，将资源聚集于车站一带。由于铁路线把各个城市、社区、旅游景点有机地连接起来，传统铁路在经济发展和小城镇建设中发挥了积极作用。早上我看见许多中小学生乘坐火车到学校上学，下午三四点钟学生乘坐火车回家，车站是学生社交的重要场所。有些早恋的学生在站内依依惜别。结伴而行的伙伴们则在站内交流信息。穿着漂亮校服成群结队的学生绝对是站内一道靓丽的风景线。学生可凭学校出具的证明购买定期乘车券，享有优惠。火车站伴随着人们度过了童年和青少年时代。即便就业后，人们也常在车站与同事碰面，一起搭乘火车。日本是一个贫富差距较小的国家，被称为"一亿中流"，而火车是最能体现社会平等的交通工具。所以日本人对火车站怀有一种特殊的感情。火车站常常成为文艺作品描写的对象，产生了一种特有的铁道文化，一些铁道博物馆就设在车站内或车站附近，与站台设施构成一个整体。著名演员高仓健主演的《铁道员》叙述了一个火车站站长的故事。老站长拒绝离开车站去别处工作，坚守"一个人的车站"，因为车站是他的一切。漫天飞雪，夜色茫茫，一列火车在站长的指挥下缓缓停靠在站台前……熟悉的场景、动人的故事触发了人们许多思考。游子返乡首先映入眼帘的就是车站，车站成为"乡愁"的同义词。由于出现了日益严重的少子化和老龄化现象，一些车站被废弃。每当此时，社区居民总是齐集车站，默默送别，流下伤心的泪水。

日本的铁路运营主体比较复杂，有国有国营的新干线、国有民营的JR，以及民有民营的"私铁"，如近畿铁道、名古屋铁道、南海铁道、东武铁道、阪急铁道等，在日本乘坐火车需掌握换乘技巧，换乘时间一般为十几分钟，列车运行非常准时。不同铁路运营主体往往共同开发火车站，利益共享。近铁名古屋站与名铁名古屋站相邻，乘坐近铁的旅客可在此换乘名铁、地铁、JR东海道线以及新干线。由于多条铁路线在此交汇，所以名古屋车站人流攒动，被揶揄为"迷站"①。各铁路运营部门携手开发名古屋车站，近铁与名铁共用检票口，站前广

① ［日］天野太郎：《近铁沿线的不可思议与迷》，实业之日本社2016年版，第30页。

场高楼林立，商业繁荣，成为名古屋最繁华的商业区。日本在发展高速铁路的同时，并没有废弃传统铁路，而是把传统铁路与高铁、地铁、游船、巴士等有机地衔接起来。各种交通工具都在火车站交汇，人流都在火车站聚集，使得火车站规模呈现超大化趋势，商业气息浓厚，车站大楼往往成为地标建筑，如名古屋最时尚、最豪华的建筑就是名古屋火车站，而大阪有两个超一流的火车站，即大阪站和新大阪站。

日本铁路运营部门实施多角经营，铁路外创收已超出了铁路运营收入。如铁路公司在车站和铁路沿线经营高级公寓和住宅小区开发，在车站大楼内设立房屋中介机构，推销本公司开发的房地产；车站内设有"观光介绍所"，旅客可在此免费拿取地图，上有乘车线路、乘车地点、名胜古迹以及当地土特产品介绍，不仅方便了旅客，也带动了当地经济发展。铁路公司还经营体育俱乐部、高尔夫球场、宾馆饭店、主题公园、温泉浴场等。近铁奈良站地处奈良市中心，是奈良最繁华、商业和文化气息最浓厚的地方，车站大楼内各种商业、办公设施齐全，相邻的商业步行街出售当地土特产品，经商业街往东，有世界文化遗产——兴福寺、元兴寺和东大寺，有奈良国立博物馆、奈良美术馆、奈良文化馆、奈良县政府以及奈良公园，公园内散养着奈良最具特色的动物——梅花鹿。因此近铁奈良站附近是游客最集中的地方。

铁路部门对火车站的经营非常重视。近铁四日市站是三重县最大的车站，站前广场上矗立的"近铁百货商店四日市店"不仅是四日市最大的商业大楼，而且与带拱顶的商业步行街和县政府办公大楼相邻，形成了大规模商业区，产生了良好的经济效益。大阪是京阪神都市圈的中心城市，经济发达。各铁路公司都努力以车站为中心进行多角经营。位于大阪阿倍野区的近铁阿部野桥站与 JR 天王寺站相邻，前往大阪南部与和歌山地区的乘客在此转车，日均乘客量近 16 万人。由于缺乏商业设施，乘客仅把此处作为中转站，造成客流资源的浪费，非常可惜。为此近铁公司投巨资在此建造超高层商业大厦，楼高 300 米，有 60 层，截至 2016 年 4 月，该商业大厦是日本最高的大楼。楼内的近铁百货店面积约 10 万平方米，成为远近闻名的百货商场。2014 年 3 月 7 日商业大厦开业，立刻吸引大量顾客，仅 4 个月，客流量就突破 100 万人次，年客流量竟高达 258 万人次[1]，

---

[1] ［日］天野太郎：《近铁沿线的不可思议与迷》，实业之日本社 2016 年版，第 50、183、184 页。

这是铁路多角经营成功的范例。

　　从 1872 年第一条铁路开通，铁路发展在日本已历经 145 年，有近 150 处铁道设施被列为文化遗产，其中火车站是铁道文化遗产的重要组成部分，仅东京就有上野站、两国站、原宿站、日野站、高尾站、青梅站、奥多摩站、浅草站、田园调布站等历史悠久且独具特色的火车站。原宿站于 1906 年开业，现车站大楼建于 1920 年，木结构，英伦风格，屋顶有八角形的塔楼，是日本仍在运营的最古老的木结构车站大楼，不少民众利用节假日前往观赏。当然最著名的车站是东京站。东京站建于 1914 年，论资格不算老，但它被赋予"国家中心站"及东京玄关的角色，其站台大楼极具特色，由著名设计师辰野金吾设计，采用文艺复兴式建筑风格，大楼长 335 米，三层，外墙用俗称"赤炼瓦"的 890 万块红砖砌成，柱子采用白色花岗岩，屋顶有 38 米高的圆形塔楼，非常漂亮。[1] 太平洋战争期间东京站遭遇美军飞机轰炸，损毁严重，战后进行重建。东京站因具有厚重的历史韵味和独具特色的建筑样式，成为东京一处著名的游览景点。2014 年，东京站迎来开业 100 周年，举行了大规模纪念活动。东京站除了供乘客上下车，大部分空间被开辟为商场，或铁路部门自己设店经营，或租赁给商业公司。JR 京都站、阪急电车梅田站、近铁上本町站等作为各铁路线路的中央火车站，也承担了大都市玄关的功能，其建筑风格采用了时髦的西式风格，以车站为中心形成了繁华的商业街区。此外，日本还有一些具有和式风格的火车站，如现存的 JR 奈良站大楼建于 1934 年，采用寺院风格的大屋顶，与以佛都著称的奈良建筑风格十分协调。铁路部门为了扩建 JR 奈良站，一度拟拆除老站建造新站，但遭到当地居民的强烈反对，因为老站是重要的文化遗产，结果居民意见被采纳，在老站旁边另建新楼。[2] 我第一次入住奈良的旅馆就位于 JR 奈良站大楼内，大楼内还有商场、饭店、旅行社、房屋中介机构、酒吧等，站前广场是奈良巴士的始发站和终点站，是奈良又一处重要的商业区。

（作者为苏州科技大学人文学院教授）

①　［日］内田宗治：《东京铁道遗产 100 选》，中央公论新社 2015 年版，第 46、159 页。
②　［日］宇田正：《铁道日本文化史考》，思文阁 2007 年版，第 286—288 页。

啤酒厂、契约精神与城市"化"（上）

孟 昌

一、盘踞在都柏林市区里的老酒厂

都柏林，看起来是个乏味的城市。如果中国官员去都柏林旅行，一定会为都柏林政府官员在土地商机和政机面前的无动于衷、无所作为而着急的。但我喜欢这座城市。

爱尔兰"特产"不少，黑啤酒和文学可能是这个国家两大最主要的特产。酒和文学似乎进入了凯尔特人的血液，也成了爱尔兰文化的一部分。醉鬼当然也是爱尔兰小说的永恒角色。都柏林的市区里随处可见诗人和作家的故居、雕像、作品展。远离欧洲大陆的四百多万人的小岛国，文学产品里最厉害的恐怕不是四个诺贝尔文学奖，而是被诺贝尔文学奖遗忘的乔伊斯，他因一部《尤利西斯》而牢牢占据了 20 世纪世界文学界的最高峰。除了圣帕特里克大教堂提醒游客，爱尔兰是个虔诚信仰天主教的国家外，这个出了一堆世界级作家的小国和她的首都，似乎再没有什么特别高大上的宏伟建筑了。从她的城市建筑上，似乎看不到"凯尔特之虎"有什么经济奇迹可言，市区里岿然不动的老啤酒厂就是"证据"。都柏林市区"平铺直叙"，街道或宽或窄，或直或弯。可能是因为不敢与教堂尖顶争高低，民居、商业建筑和政府机构不向高处立体发展，而是在利菲河的两岸蔓延。蔓延得毫无章法，也没规矩。这个城市，我们当然不能否认它是被规划建设出来的，但它显然更是一座"演化"出来或者发展出来的城市。

同样适合不知名作家的是都柏林的黑啤酒和威士忌。位于都柏林市区的吉尼斯（Guinness）啤酒酿造厂，以其创立者、老资本家阿瑟·吉尼斯（Arthur

Guinness）的家族名命名，具有早期资本主义家族企业的典型特征。在比美国建国史还要长好几年的酒厂历史中，变化的是吉尼斯已经成了一家现代公司，而不变的是它的厂址、厂房与酿造工艺。老酒厂占据了市区相当大的一块地盘，都柏林工业化的历史变迁，镌刻在酒厂的各种新老建筑和生产设备上：灰楚楚的老旧酿造塔，工业化早期的厂房甚至大烟囱，厂区内外纵横交错的街巷，嵌在街巷里窄铁轨和横跨街巷的管线，作为旅游项目的老式马车，都说明这是一个历史悠久的老酒厂的厂区。就是这样一家盘踞在市区里的酿酒厂，不仅是都柏林的标志之一，也成了爱尔兰的著名旅游景点。凡是到都柏林的游客，上至女王、总统、政商名流，下至贩夫走卒和酒鬼，都爱到吉尼斯啤酒厂一游。

吉尼斯啤酒，当然以独特的酿造工艺造就的口味和品质闻名。但酒厂为何至今依然盘踞在首都都柏林的市区里而没有被搬迁、置换，或者没有在 20 世纪中后期"凯尔特之虎"经济起飞的现代化和城市化中给"化"掉呢？

二、吉尼斯酒厂和 9000 年有效期的租地契约

1759 年，即大清乾隆二十四年，阿瑟·吉尼斯在位于都柏林的一个叫圣詹姆斯门的地方，以年 45 英镑的租金租地 4 英亩，建起了一家酿酒厂。这一年也是马嘎尔尼从离酒厂不太远的圣三一学院毕业的那一年。要到 18 年后，苏格兰的"道德哲学家"亚当·斯密才能出版他的《国富论》。34 年后，已经出使过大半个地球，具有丰富外交经验的马嘎尔尼，作为英王特使到访中国，以为乾隆大皇帝祝寿的名义要求（或许是请求）地大物博的中国，同意与英国平等贸易，尝试说服大清与英国互设使领馆，为商人服务。看来，18 年后，被亚当·斯密革命过的英国重商主义绝非浪得虚名啊！英王和英国商人们与中国平等贸易的"英国梦"当然没有成真。在中国逗留半年后，马嘎尔尼在中国官员的催促下，带着乾隆老皇帝给英王的"恩赏"和"圣谕"乘帆船悻悻而回。中国向英国等西方"蕞尔小国"近乎单边贸易的茶叶和瓷器输出等在继续扩大。读刘半农以地道文言译出的《乾隆英使觐见记》非常有趣，马嘎尔尼虽然对中国的很多制度和习俗觉得难以理喻，对中国官员没有"地球"概念和国际观念颇感惊讶，但他对 18 世纪中华大地的风土人情也有不少赞美之词，尤其是自天津港上岸赴北京的旅程中，百姓的精神面貌和一些官员的干练给他留下了深刻印象。再过

80 年，历史才能见证，由法治、契约、专利制度和科学催生的，正在快速工业化的这个"蕞尔小国"，用鸦片贸易和工业化装备的坚船利炮，"拿回"了那些与大清贸易逆差所积攒的巨额白银，开启了惨痛不堪的中国近代史。

言归正传，年租金 45 英镑！这对于来自卖掉一套首都学区房能救活一家濒临倒闭的上市公司的中国游客来说，当然不会有什么兴趣。如果没有贴现的概念，或许会认为这价格简直便宜得近乎白送，而实际上，这在当时应该是一笔不小的款项。而租约的有效期——9000 年！恐怕这才是让中国游客最不可思议的。9000 年的租约一直有效，直到很多年后，吉尼斯公司买下了这块土地，成了土地的主人，并把酒厂扩大到了超过 50 英亩的占地规模。今天游客看到的酒厂，是在老酒厂基础上发展出来的。现代化的酿酒设备当然是英国和爱尔兰工业化的一部分。但吉尼斯仰仗那份租约和后来购买的土地产权，喜新而不厌旧，"不合时宜地"在市区里放肆地蔓延、扩展，却是英国法治和契约精神的产物，也是私有产权得到切实保护下真正意义的"城市化"的写照。

三、资产的专用性与契约的"可执行性"

啤酒厂，一旦开建，即属专用投资。专用投资，其沉淀资本即不可逆的资本量多，或者说，总固定成本中的沉淀成本的比例高。这容易造成这样几个问题：

一是，酒厂一旦建成，若因不可预期的原因导致停产、倒闭，不仅其大部分乃至全部投入都将"打水漂"，恐怕还要额外赔钱。投资人最好是让固定资本在企业的自然寿命内用完，通过资本重置来延续企业的生命。

二是，在存续期内的市场交易中，企业极易被其他合约方"敲竹杠"。要避免这些情况的发生，对于最重要的投入，如吉尼斯啤酒厂使用的土地、酿酒设备和厂房，投资前的合约签订，除了要尽量详细且有预见性，还要具有"可执行性"。酿酒设备和厂房因其专用性而可能直接引发投资人被"敲竹杠"。在企业资本品的存续期里，土地使用权若被所有权人收回，或者在违背承租人意志情况下，租地契约被强行重新订约，对投资者都是致命打击。设想，在吉尼斯酒厂快要完工时，土地所有权人找个由头儿，撒泼耍赖，坐地涨价，要求重新订约。这种情况下，酒厂不获契约有效保护和司法救济，被"敲了竹杠"，恐怕也要乖乖就范。如果这块土地被政府以"公共利益"的名义征用、置换，乃至被"革命"政府没收，土地所有权人和企业投资人都

要蒙受重大损失。所以，在一个契约很容易被撕毁、财产权得不到契约和法律保障、政权更迭后常常重建制度的经济体里，私人投资要想做成百年老店、大店，那是难以想象的。如果换一茬政府，洗一次牌，那就更不要提什么百年老店了。

四、法治与契约的"可执行性"是关键

吉尼斯啤酒厂与地主签订了有效期长达 9000 年的合约，并不是特别的亮点，主要亮点是这个契约的"可执行性"。而契约各方尤其是容易被"敲竹杠"的吉尼斯啤酒厂，其投资人"相信"契约具有不用担心的"可执行性"，是关键中的关键。这毫无疑问得益于英国普通法下衍生出来的"可自我执行"法律（习惯法和成文法）——法治、公民的契约精神。这种法治与契约精神，在演化经济学者看来，明显是一种好的制度均衡——我信任法并执行契约（我这样做固然是为了增加我自己的利益），但前提是他人也要这样做。当他人也这样做的时候，我自愿这样做。也就是说，我观察到他人都这样做时，我自愿选择了他人的行为作为自己的行为。这是个体的人的社会行为的"协调"均衡——如果试图偏离这个均衡，即选择违约，会准确地预期到偏离比不偏离，即守约比不守约是更优的选择，偏离会自动受到惩罚。当然了，利益相对人也准确预期到因契约另一方面的违约而遭受的损失能获得可信的补偿。美国制度经济学家刘易斯和演化博弈论学家肖特把它定义为"规则"。这个意义上的规则，不是由某个外在于市场交易各方的强势者制定出来并执行的，主要是演化出来的，是动态博弈的协调均衡。也就是说，是人们在囚徒困境的反复折磨中逐渐认识到守约是更优的群体选择并有利于个体利益时，自愿履行或遵守的制度。在这样的制度均衡下，合约和法律的"可执行性"，公民不必诉诸外在于法的"上访"或"包青天"，就可获公正。

那么，问题来了：如果很多人不这样做，或者某些关键的人不这样做，比如国王就不这样做，都柏林市政府不这样做，我为什么要这样做呢？当我发现我经常因他人违约而受损时，我选择他人所选择的行为即是对他人违约的惩罚，也是我的优选时，就会形成一个囚徒困境般的"最坏的制度均衡"。"一锤子买卖"充斥于商业社会，意味着契约没有什么可信度，立基于契约（包括隐性契约和习惯法）的可执行性和守约精神的市场交易无法达成，企业很难做出长久决策，那些需要冒风险的待开发领域（比如瓦特改进蒸汽机技术），那些需要承担沉淀成

本损失的资产专用性强的行业，就无人敢入，就不大可能出来好的市场经济。

五、爱尔兰人的"英国法"契约精神不因与英国的脱离而受损

英人治下的爱尔兰岛，宗教冲突不断。爱尔兰人的民族国家意识觉醒后，宗教和文化等冲突最终发展为政治独立运动。期间，多次发生血腥的暴力革命，还发生过一次人类史上著名的大饥荒。经济学教科书里反常的"吉芬商品"现象，即土豆价格越高反而购买量越大的现象，就是从爱尔兰饥荒中观察到的。1922年，除了北部一小块居民信仰英国新教的地方，爱尔兰终于从大英帝国独立出来。尽管英国给爱尔兰人保留了英国国籍和国民待遇，但独立后的爱尔兰一路走到底，毅然决然地离开了英联邦。奇怪的是，两个国家并没有一路走到黑而结下多大仇恨，此处不表。单说英国人在爱尔兰留下的法治，或者说爱尔兰人从英国那里继承和发扬光大的法治与契约精神。

爱尔兰人没有在独立后抛弃"英国法"这个好东西，这为她日后作为"凯尔特之虎"成为欧洲增长和发展最快的经济体，奠定了制度基础。她没有像某些成功的"二愣子"革命者那样，宣布英治时期的契约无效。公民之间的契约、公民与政府之间的契约，没有因政权易手而失效，更没有在政府更迭中打折扣。吉尼斯啤酒厂的租地契约，最终在所有权人与承租人之间因产权买卖（新合约）而终止，没有在社会动荡和国家的重大政治变迁中失去法律效力。很多国家，在经济发展中，政府往往可以实现整齐划一的城市规划和建设。在促进公共利益，甚至国家利益的名义下，对诸如城市里的啤酒厂这种看起来"不合时宜"的土地使用，强行置换、征用，乃至以某种罪名没收。就土地所有权人来说，城市商业化会导致地租的迅速增长，若无"可信的"法治和契约精神造就的信守承诺的国民品格，在获取更好收益的诱惑下，撕毁租约定然是经常发生的事情。这种情况下，啤酒厂这类资本专用性极强的投资，怎敢做出特别长远的投资规划呢！

在土地（私有）产权得到法律切实保护、契约自由且契约具有"可执行性"的国家，工业化中的城市发展才能是"化"出来的，即所谓的城市化。否则，恐怕只能说它是政府规划建设出来的。

（作者为北京工商大学经济学院教授）